John H. Noble

Verbannt und verleugnet

Förster

1. Auflage

Verlagshaus Förster
Tel. 0351-2682712
Fax 0351-2698075
Verlagshaus.Foerster@gmx.de

Druck: Druckhaus Dresden GmbH

Printed in Germany

ISBN 3-00-013152-3

Ich widme dieses Buch meiner geliebten Frau Katharina, die meine Erlebnisse in die deutsche Sprache gebracht hat. Ohne sie wäre dieses Buch nicht entstanden.
Ihr gilt mein allerherzlichster Dank.

Am 8. Januar 1955 wurden die Straßen von der sowjetischen Zone bis zum amerikanischen Hauptquartier in Berlin gesperrt. „Man holt einen Amerikaner von der sowjetischen Kommandantur ab!", war alles, was der europäischen Presse mitgeteilt wurde. Einiges war schon zu den amerikanischen Medien durchgedrungen, aber Genaueres war auch ihnen nicht bekannt. Drei Tage später, am 11. Januar, wurde eine Pressekonferenz im Saal des US-Army-Hospitals in Berlin angekündigt. Journalisten aus 124 Ländern waren geladen, etwa 200 kamen. Alle bekannten Zeitungen, Wochenschauen und Fernsehsender waren vertreten. Als mich der Stellvertreter des US-State Departments von meinem Zimmer abholte, war die Presse schon ungeduldig, sie musste bereits seit drei Tagen warten. Kurz vor dem Eingang zum Saal nahm er mich beim Arm: „Noch eins, man wird Fragen in Bezug auf Amerikaner stellen, die noch in sowjetischer Gefangenschaft sind. Diese Fragen sollst du nicht beantworten." „Aber warum, die Welt soll doch wissen, was in der UdSSR los ist!", platzte ich heraus. „Richtig, aber wir müssen erst alle Fakten zur Hand haben, sonst stürmen die Angehörigen, die ihre Söhne im Zweiten Weltkrieg oder in Korea verloren haben, auf uns zu. Und noch eins, du hast den Herren von der CIA gesagt, dass Zeugen im Lager waren, die von dem ersten Atomtest der Sowjets wussten, wo ja alles in die Hosen ging. Wir wissen das, aber unser Präsident hatte eine Gratulationsnote zum guten Gelingen gesandt. Wenn bekannt wird, dass er von dem wirklichen Ausgang nichts wusste, kann es peinlich werden!"
Neben dem Eingang stand ein großer Spiegel. Mir wurde plötzlich bewusst, dass mich in wenigen Minuten die ganze Welt sehen sollte. Ich blieb stehen, sah mich an und war zufrieden. Den Anzug trug ich zum ersten Mal. Das State Department hatte mich von Kopf bis Fuß neu eingekleidet. Sie wollten den alten Anzug, den die Sowjets mir verpasst hatten, für einen Agenten, der unauffällig im Osten untertauchen sollte. Haare, Schlips, alles war in Ordnung, die Tür ging auf. Es blitzte aus allen Ecken, so dass ich kaum sehen konnte, wohin man mich führte. Ich bemühte mich, keine Nervosität zu zeigen, doch mit 30 oder 40 Mikrofonen vor mir musste ich schon tief schlucken.

Pressekonferenz am 11. Januar 1955

Der Herr vom State Department bat um Ruhe und begann mich vorzustellen. „Sie müssen entschuldigen, dass wir Sie so lange haben warten lassen. Die medizinischen Untersuchungen waren vordringlich, denn John Noble ist erst vor drei Tagen aus sowjetischer Gefangenschaft entlassen worden. John Noble ist amerikanischer Bürger, geborener Amerikaner, 31 Jahre alt, davon neuneinhalb Jahre in den Händen der Sowjets. Er wurde verhaftet und totgeschwiegen. Er hat sieben Gefängnisse und sieben Lager der Sowjets, Gott sei Dank, überlebt. Sie können jetzt mit ihm sprechen." An die hundert Fragen kamen auf einmal. „Eine Frage nach der anderen bitte", unterbrach mein Begleiter.

Ein Journalist begann: „Warum sind Sie in die UdSSR gereist?“ Meine Antwort: „Oh nein, ich wurde in Deutschland, in Dresden, verhaftet und dann nach Russland verschleppt.“

„Was hat Sie nach Deutschland geführt?“

„Vater hatte gesundheitliche Probleme in seiner Firma in den USA und so nutzte er ein Angebot aus Deutschland, die Firma gegen eine Kamerafabrik zu tauschen. Meine Eltern waren ja gebürtige Deutsche.“

„Waren Sie während des ganzen Krieges in Deutschland?“

„Wir sind Anfang 1938 nach Deutschland gekommen und ich ging anfangs zur Schule. Mein Vater baute die Firma auf. Ich arbeitete dann dort mit. Während des Krieges konnten wir unsere Kameraproduktion weiterführen. Sie brachte ja Devisen.“

„Warum sind Sie nicht abgehauen?“

„Als Amerikaner durften wir uns seit dem 3. September 1939 nur noch in Dresden aufhalten, da England als amerikanischer Verbündeter in den Krieg eintrat. Ab diesem Moment war es unmöglich, in die USA zurückzukehren. Ab 1941 wurden wir unter örtliche Internierung gestellt.“

„Warum sind Sie verhaftet worden?“

„Ich weiß es nicht, man hat mir nie einen Grund genannt.“

„Warum haben die US-Behörden nach Ihrer Verhaftung nicht interveniert?“

„Ich kenne die Einzelheiten noch nicht. Ich konnte gestern mit meinem Vater telefonieren. Er erzählte mir, dass das Auswärtige Amt 30 Noten an die Sowjets gerichtet hat. Die Sowjets haben uns immer verleugnet und behauptet, sie kennen keine Nobles.“

„Was ist jetzt mit der Firma?“

„Ich weiß es nicht genau. Vater sagte mir, dass die Firma durch die sächsische Landesregierung enteignet wurde. Die US-Regierung hat Protest bei den Sowjets eingelegt, weil sie damit gegen das Alliiertenabkommen verstoßen haben.“

„Waren viele Ausländer in sowjetischer Gefangenschaft?“

„In den Sklaven-Lagern in Russland waren etwa zehn Prozent der Häftlinge Ausländer. Wir hatten Engländer, Schweden, Spanier, Brasilianer, Schweizer, Japaner und andere.“

„Auch Amerikaner?“

„Wenn irgendwo in der Welt etwas passiert, sind Amerikaner ja immer dabei.“

In dem Moment unterbrach der Herr vom State Department: „John Noble ist gebeten worden, keine Auskünfte zu diesem Thema zu geben!“ Viele Fragen folgten über das persönliche Leiden.

Es war ein Albtraum.

Es ist schwer, einen Albtraum zu beschreiben, es sei denn, er wird Realität. Für mich kam er nach unbeschwerten Tagen, die gefüllt waren mit neuen Hoffnungen und Träumen für die Tage der Zukunft.

Meine Eltern waren 1921 in die USA ausgewandert und hatten sich in Detroit sesshaft gemacht. Meine Mutter war Fotografin und stammte aus Schönebeck an der Elbe. Vater kam aus Homberg in Hessen und war in einer streng religiösen Familie aufgewachsen.
Im Rausch der großen Auswanderung in den zwanziger Jahren hatten auch sie sich von einem Neubeginn in den Staaten, dem Land der unbegrenzten Möglichkeiten, viel versprochen. Anfangs arbeitete meine Mutter als Fotografin in einem Fotolabor in Detroit, Vater versuchte sich als Missionar. Durch den großen Bank- und Börsenkrach 1923 begannen in den USA verheerende Zeiten. Für meine Eltern wurde es dennoch ein verheißungsvolles Jahr. Am 4. September wurde ich geboren. Das Fotolabor wurde durch einen Autounfall des Eigentümers herrenlos und Vater erwarb die Firma. Der kleine Betrieb blühte zu einer der zehn größten Foto- und Kopieranstalten in den USA auf. Einerseits hatten wir nun eine gesicherte Existenz, andererseits begannen für meinen Vater gesundheitliche Probleme. Die Dämpfe der chemischen Säuren bereiteten ihm größte Schwierigkeiten. Bad Kissingen und Karlsbad empfahlen sich als die besten Luxuskurbäder zu dieser Zeit. Drei- bis viermal im Jahr nahm mein Vater eine solche Kur in Anspruch. Als er 1937 in Detroit eine deutsche Zeitung in die Hände bekam, fand er darin die Verkaufsanzeige einer Dresdner Kamerafabrik. Herr Thorsch, der Eigentümer dieses Werkes, hatte ein Jahr zuvor die USA besucht. Das hatte in ihm den Wunsch geweckt, überzusiedeln. Er war Schweizer, aber Amerika hatte es ihm angetan. Vater und er wurden sich schnell einig, beide konnten laufende Produktionen übernehmen. Neben dem Vorteil, seine Gesundheit in den Griff zu bekommen, reizte Vater die Tatsache, dass das Herz der Fotoindustrie in Dresden schlug. Dresdens Fotoindustrie war in der Welt führend.
Im März 1938 kamen wir, die gesamte Familie Noble, in Dresden an. Leider war der vollzogene Tausch keineswegs gleichwertig vonstatten gegangen. Herr Thorsch hatte ein profitables Unternehmen, zwei herrschaftliche Villen und Bargeld erhalten. Wir standen vor einer mehr schlecht als recht noch funktionierenden Kamerafabrik. Es mussten neue, marktfähige Modelle entwickelt werden und wir brauchten dringend eine Bleibe. Die

Villa „San Remo“ fiel meinem Vater förmlich in den Schoß. Sie war schon mehrere Jahre unbewohnt, die 72 Stufen hatten dem Besitzer Schwierigkeiten bereitet. Vater erwarb sie und wir konnten sofort einziehen.

Villa „San Remo“

Auch die Kamerawerkstätten brauchten dringend ein neues Zuhause. Vater führte die Firma nach Erwerb bis 1939 unter dem Namen „Kamerawerkstätten vormals Guthe und Thorsch“. Die gesamte Produktion musste erneuert werden. Ursprünglich hatte sich

„Guthe und Thorsch" mit der Entwicklung und Herstellung der „Patent-Etuikamera" (Klappkamera) einen Namen gemacht und war damit in dieser Kategorie an die Weltspitze gelangt. Mittlerweile war dieses System veraltet, auch mit der „Pilot", „Praxidos" und „Episkop" konnte man keinen Staat mehr machen. Eine gänzlich neue Entwicklung war dringend nötig. In weniger als einem Jahr entwickelten wir die „Praktiflex". Sie versprach, ein Weltschlager zu werden. Die „Exakta" (Ihagee) und die „Praktiflex" waren die einzigen Kleinbild-Spiegelreflexkameras der Welt. Die US-Fotoindustrie war sehr bescheiden. Japan hatte noch keine.
Ich war damals 15-jährig und begann im väterlichen Betrieb zu arbeiten. Für mich eröffnete sich eine ganz neue Welt. Voller Stolz und Begeisterung beteiligte ich mich am Aufbau unseres Betriebes. Mein ganzes Interesse konzentrierte sich nur noch auf meine Arbeit in der Firma.

Der Ausbruch des Krieges 1939 schlug ein wie ein Blitz. Ohne polizeiliche Genehmigung durften wir Dresden nicht mehr verlassen, die Firma wurde als ausländischer Betrieb unter Beobachtung gestellt. Die Nazis setzten meinem Vater zwei Obmänner vor, Max Benndorf und Heinrich Pechstein. Heinrich Pechstein arbeitete schon längere Zeit bei uns. Trotzdem produzierten wir die „Praktiflex" weiter, die damit erwirtschafteten Devisen waren gern gesehen. Und wir entwickelten die „Praktica" und die „Praktina". Die Produktion dieser Neuentwicklungen wurde uns jedoch aus Gründen des Materialmangels verwehrt.

Für den Farbfilm
Für Schwarz-Weiß

Praktiflex

24 × 36 mm

Die einäugige ***Spiegelreflexkamera*** für perforierten Kinofilm

Acht Punkte:

- Optik auswechselbar, Tele- und Weitwinkelobjektive lieferbar
- Verschlußaufzug, Filmtransport und Zählwerk gekuppelt
- Gehäuseauslöser mit Silberspiegel erschütterungsfrei gekuppelt
- Großes Mattscheibenbild – frei von Parallaxe, doppelte Lupenscharfeinstellung
- Rullo-Schlitzverschluß (B u. 1/20 bis 1/500 Sekunde)
- Springschacht mit eingebautem Rahmensucher
- Objektive mit präziser Schneckengangführung und Tiefenschärfenrechner
- Stabiles Spritzgußgehäuse, alle Metallteile sowie Objektiv verchromt

Die Spiegelreflexeinrichtung zeigt das Bild in Schärfe, Helligkeit, Perspektive, Ausschnitt und günstigster Wirkung mit all seinen Feinheiten **schon vor der Aufnahme.** Kein Wunder also, daß die Besitzer von Spiegelreflexkameras bei Wettbewerben immer so gut abschneiden. [illegible] ermöglicht es, auch beim Arbeiten mit Tele- oder Weitwinkelobjektiven, Vorsatzlinsen, Zwischen[illegible] oder Ansätzen oder anderen Zusatzgeräten die Spiegelreflexeinrichtung voll auszunützen. Damit ist die PRAKTIFLEX ausbaufähig für sämtliche überhaupt nur denkbaren Gebiete der Photographie. Die sinnreiche Anordnung sowie Kupplung aller Teile, die gute Scharfstellmöglichkeit in Verbindung mit all den anderen Vorteilen machen die PRAKTIFLEX zu einem idealen Gerät für schwarz-weiße und für farbige Aufnahmen. Der niedrige Preis macht die Kamera auch für diejenigen erschwinglich, für welche bisher die Kleinbild-Spiegelreflex-Kamera nur ein Wunschtraum war!

PRAKTIFLEX-PREISE

Nr.			RM
701	Mit 3 Linsen-Marken-Anastigmat	3,5 5	98.—
705	Schneider-Xenar	3,5 5	150.—
706	Zeiß-Tessar	3,5 5	175.—
707	Schneider-Xenar	2,8 5	175.—
708	Zeiß-Tessar	2,8 5	195.—
709	Schneider-Xenon	2,0 5	220.—
710	Zeiß-Biotar	2,0 5,8	290.—

Weitwinkel- und Tele-Objektive der PRAKTIFLEX

Nr.			RM
715	Zeiß-Weitwinkel-Tessar	4,5/4	140.—
716	Zeiß-Triotar	4/8,5	150.—
717	Zeiß-Triotar	4/13,5	165.—
718	Zeiß-Tele-Tessar	6,3/18	225.—
719	Zeiß-Tele-Tessar	6,3/25	280.—
740	Schneider-Xenar	4,5/10,5	90.—
741	Schneider-Xenar	4,5/13,5	115.—
742	Schneider Tele-Xenar	5,5/15	120.—
743	Schneider Tele-Xenar	5,5/18	150.—
744	Schneider Tele-Xenar	4,5/24	235.—
745	Schneider Tele-Xenar	5,5/30	200.—
746	Schneider Tele-Xenar	5,5/36	240.—

ZUBEHÖR

Nr.		RM
720 a	Bereitschaftstasche mit Riemen (Werkstoff)	12.—
721 a	Bereitschaftstasche f. 710, m. Riemen (Werkst.)	14.—
724	Drahtauslöser mit T-Zeit-Einrichtung	1.—
726	Sonnenblende, 32 mm Durchmesser	2.90
727	Sonnenblende, 42 mm Durchmesser	3.50
730/I usw.	Filter, 32 mm Durchmesser	4.—
731/I usw.	Filter, 42 mm Durchmesser	6.—
	I = gelb-hell, II = gelb-mittel, III = grün, IV = rot, V = blau	
735	Vorsatzlinse für Nahaufnahmen, ∅ 32 mm	4.—
736	Vorsatzlinse für Nahaufnahmen, ∅ 42 mm	6.—

Naheinstell-Kombination (3 Tuben und Linse) für Nah- und Makroaufnahmen

737	Satz mit 32 mm Durchmesser für 50 mm	20.—
738	Satz mit 42 mm Durchmesser für 58 mm	22.—

Vergrößerungs-Apparat PRAXIDOS
für Praktiflex-Optik 5 cm

7/456	Praxidos m. Balgenauszug u. Schnellscharfstellg.	55.50
7/498	Praxidos m. vollautomat. Scharfeinstellung	85.—

KAMERA-WERKSTÄTTEN
CHARLES A. NOBLE NIEDERSEDLITZ DRESDEN

Mit Eintritt der USA in den Krieg Ende 1941 wurden die Lebensumstände für uns noch schwieriger. Es folgten örtliche Internierung, ständige polizeiliche Vorsprachen und andere Reglementierungen. Wir durften nur eine bestimmte Straße benutzen. Ich war ein junger Mann und konnte mich darauf einstellen. Für meinen Vater waren all diese Einschränkungen äußerst demütigend.
In den ersten Januartagen des Jahres 1945 wurde uns vom Schweizer Konsulat mitgeteilt, dass unsere Familie zu den 900 Amerikanern gehören sollte, die man mit 1.800 in den USA internierten Deutschen austauschen wollte. Insgesamt lebten etwa 1.500 Amerikaner unter Internierung in Deutschland. Wir waren in Hochstimmung. Der Austausch sollte am 25. Januar am Bodensee stattfinden. Wir trafen unsere Vorbereitungen in Heim und Firma und packten unsere Koffer. Kompliziert war für meinen Vater die treuhänderische Übergabe seiner Firma, jedoch das gute Verhältnis und absolutes Vertrauen in unseren Montageleiter, Herrn Lübtow, erleichterte ihm die vorgesehene zeitweise Trennung. Unsere Reise führte uns über Nürnberg und Ulm nach Ravensburg. Es war eine abenteuerliche Bahnfahrt. Schlesische Flüchtlinge hingen wie Trauben an den Zugtüren, die Fahrt wurde ständig durch Luftangriffe unterbrochen und das erforderliche provisorische Wiederherstellen der Gleisanlagen machte das Chaos perfekt. Glücklicherweise waren wir bereits am 21. Januar abgereist, so dass wir rechtzeitig am 24. Januar in Ravensburg, am Austauschort, ankamen. Wir sahen den Zug, gefüllt mit unseren Landsleuten, bereits unter Dampf vor uns stehen, das Ziel unserer Sehnsucht, nach Hause und in Freiheit zu kommen. Plötzlich stellte sich ein Herr dazwischen und verweigerte uns das Zusteigen. Es war der Legitimationsrat Dr. Kund vom Deutschen Auswärtigen Amt, der uns auf Anordnung der GESTAPO zurückhielt. Eine Anordnung der GESTAPO bedurfte keiner Begründung. Enttäuscht und niedergeschlagen fuhren wir am gleichen Tag nach Dresden zurück.

Im Februar 1945 zerfiel Dresden unter dem gewaltigen Schlag des angloamerikanischen Luftangriffes. Die Stadt schien tot, das Leben stand still. Im Mai 1945 hörten wir Kanonendonner vom Osten und Westen auf uns zukommen, vom Westen die Amerikaner, vom Osten die Rote Armee. Am 6. Mai rollten, nur 65 Kilometer von Dresden entfernt, amerikanische Truppen vorwärts und bedrängten die deutsche Front. Vom Osten bewegten sich russische Soldaten in Richtung der Stadt. Wir hofften auf unsere Landsleute und damit auf Frieden. Frieden nach langer schwerer Zeit und wandten unser Gehör mehr zum Westen als zum Osten, wo die sowjetischen Geschütze donnerten. Dresden wusste, dass das Kriegsende bevorstand. Die Frage war, wer würde die Stadt zuerst erreichen?

Die Meisten hofften trotz des Horrors des angloamerikanischen Luftangriffes auf die Amerikaner. Es gab viele Gerüchte über die Untaten der Russen in anderen Teilen des Landes. Am 6. Mai war das Kanonendonnern noch in der Ferne, aber unsere Unruhe ließ uns nicht schlafen. Zum Morgengrauen waren wir bereits auf den Beinen, denn wir wussten, dass der Ausgang des bevorstehenden Gefechtes über unsere Zukunft entscheiden würde.
Ein Fernglas, das wir auf unserer Terrasse befestigt hatten, erlaubte uns einen Blick über die Stadt. Als es langsam heller wurde, drehten wir die Gläser hin und her. Es schien, als ob sich nirgendwo etwas regte, so unheimlich, wir hörten nichts. War das die Ruhe vor dem Sturm? Wir hofften sehr, dass die Amerikaner Dresden zuerst erreichen würden.
„Warum nicht", sagte mein Vater. „Hisst die amerikanische Flagge!" In der Hoffnung auf einen solchen Tag hatten wir mühevoll zwei Fahnen aus Stoffresten zusammengeschneidert. Mein Bruder Georg und ich stiegen, eine Fahne unter dem Arm, auf den Dachboden unseres Hauses. Wir waren voller Spannung.
Wir wussten nicht, was geschehen würde, wenn wir unsere Köpfe aus der Luke stecken würden. Es könnten Schüsse aus der schweigenden Stadt kommen. Wir zögerten einen Moment, dann verknoteten wir die Fahne am Mast und hissten sie weithin sichtbar in den Wind. Die zweite befestigten wir am Turm. Als wir uns wieder zurückzogen und warteten, blieb immer noch alles still.

Turm der Villa „San Remo"

Plötzlich rief mein Vater: „Kommt schnell!“ Wir liefen zur Terrasse und schauten über die Stadt. Es war wie ein Wunder. Von jedem Fenster, jedem Dach, von fast jedem Gebäude wehten weiße Fahnen in jeder Größe und Machart. Es schien, als ob unsere Fahnen die Stadt von ihrem Druck befreit hatten. Aber die Stadt blieb stumm hinter dem Feld der weißen Fahnen, die Straßen waren noch immer leer. Eine Stunde später war klar, wer das Rennen um Dresden gewonnen hatte. Durch unsere Ferngläser erkannten wir einen Soldaten. Seine Schulterstücke und die Abzeichen am Kragen waren von Bedeutung. Sie waren rot.

Die Hauptstraße von Bautzen nach Dresden war kilometerweit mit Pferdewagen besetzt, auf denen die Rote Armee hereinflutete. Betrunkene Soldaten lungerten auf den Straßen, der Kampf war vorbei. Marshall Konew ließ seinen Soldaten freien Lauf. Die Folge waren Plünderungen und Vergewaltigungen. Dieser Horror ging ununterbrochen, fast drei Wochen.
Am ersten Tag sahen wir die Soldaten Matratzen aus den Häusern ziehen. Entweder schliefen sie darauf ihren Rausch aus oder sie vergewaltigten. Vergewaltigung war der Sport des Tages und wurde öffentlich betrieben. Die Soldaten kannten keinerlei Skrupel, die Opfer hatten keine Wahl. Man konnte eine Straße entlang eilen und das Geschrei aus einem Haus hören, in dem man kurz zuvor gesellschaftlichen Besuch abgestattet hatte. Aus unserem Nachbarhaus, Bergbahnstraße 11, wurden die Frauen und Mädchen auf die Straße getrieben und vergewaltigt, während ihre Männer und Väter zusehen mussten, bevor sie erschossen wurden. In ihrer Verzweiflung schlugen Mitbewohner auf Töpfe, um Hilfe zu holen, aber es wagte niemand, sich den Russen entgegenzustellen.
In der Bergbahnstraße 11 war während des Krieges das Personal der Bergbahn beherbergt. Wir kannten unsere Nachbarn gut, unter ihnen waren zwei russische Ostarbeiter. Als acht russische Offiziere mit Vergewaltigungen begannen, erschossen diese zwei alle ihre acht Landsleute. Jemand muss sie verraten haben, am gleichen Abend wurden sie hingerichtet.

Rote Fahnen ersetzten die weißen. Das Hakenkreuz wurde vorsichtig entfernt, so dass nur das rote Feld übrig blieb. Die Soldaten wurden mit der Schlagzeile „Wir danken der Roten Armee für Arbeit, Freiheit und Brot!“ begrüßt.
Meinem Bruder und mir kam der Gedanke, uns angesichts dieser Geschehnisse zu schützen. Wir hingen ein Schild mit der Aufschrift „Amerikanisches Eigentum!“ an unser Tor. Es schien die Russen zu beeindrucken. Nicht ein roter Soldat betrat unser Grundstück,

obwohl im gleichen Monat betrunkene Soldaten den Luisenhof, das Nachbargebäude, in Brand setzten. Während in der Umgebung Hunderte aus ihren Kellern herausgetrieben wurden und die Frauen unsagbar litten, zeigte das Schild an unserem Tor Wirkung. Waren die Russen unsere Verbündeten?
Meine Familie, das heißt meine Eltern, Georg und ich hatten sich politisch nie sonderlich interessiert. Ich war 21 Jahre alt. Bevor ich meinen nächsten Geburtstag erleben konnte, musste ich noch viel über diese sogenannte Freundschaft erfahren.
Die Sicherheit unseres Hauses wurde unseren Bekannten in Dresden bald bewusst. Als die Vergewaltigungen und Plünderungen ihren Höhepunkt erreichten, suchten etwa 30 unserer nächsten Freunde bei uns Schutz. Auch Onkel Heinz kam zu uns. Er war einer der jüngeren Brüder meines Vaters. Mein Vater hatte drei Brüder und vier Schwestern. Alle waren wie so viele nach Amerika ausgewandert, nur Onkel Heinz war nach kurzer Zeit nach Deutschland zurückgekehrt. Als Hitler dem deutschen Volk „Fürsorge von der Wiege bis zum Grabe" versprach, begeisterten ihn diese Parolen. Als einer der Ersten trat er in die NSDAP ein, seine Mitgliedsnummer lag unter 1.000. In dieser Zeit gab es große ideologische Auseinandersetzungen zwischen ihm und meinem Vater. 1937 erkannte er die Gier und den Wahn Hitlers nach Weltherrschaft und trat aus der NSDAP aus. Es folgte Verhaftung durch die GESTAPO, man hielt ihn aber nicht lange fest. Der Austritt von Onkel Heinz machte Vater sehr froh und ließ beide Frieden schließen. Wir besaßen noch eine kleine Lederfabrik in Magdeburg, die Schulranzen und später Kamerataschen herstellte. Mein Vater betraute Onkel Heinz mit der Leitung dieses Betriebes. Und nun suchte auch er, aus Magdeburg kommend, Zuflucht in unserem Haus. Die Bergbahnstraße 12 befand sich auf einem hohen Punkt an den Hängen vor der Stadt und die fliegenden amerikanischen Fahnen erweckten den Eindruck eines offiziellen Vorpostens der Amerikaner.
Ein britischer Soldat, der einem Kriegsgefangenenlager der Deutschen entkommen war, als die Russen die deutschen Linien durchbrachen, kam zu unserem Tor. Wir gaben ihm Essen, ein Fahrrad und wiesen ihm die Richtung zu den amerikanischen Linien.

Vater beauftragte mich, nach unseren Autos zu sehen. Für den Zeitraum des Krieges hatten wir die Wagen in der Garage des Luisenhofes geparkt, da wir sie in dieser Zeit nicht nutzen durften. Es war ein großer Audi 1 Cabriolet und ein Adler. Ich verständigte mich mit dem Eigentümer der Garage. Um zu vermeiden, dass die Russen sich die fast 40 in seiner Obhut befindlichen Autos unter den Nagel rissen, hatte er die Kabel des Aufzuges zur Tiefgarage durchtrennt. Als die Sowjets Zugang verlangten, bot er ihnen die Reparatur des Aufzuges an. Keiner hat es je versucht. In der Tat hätte man nur zwei Drähte zusammenschließen brauchen.

Georg und ich malten eine ziemlich offiziell aussehende amerikanische Fahne auf den Kofferraum des Audis und befestigten zwei Standarten an den Kotflügeln des Wagens. Unser „US-Auto“ war jetzt fertig für eine Reise zu den amerikanischen Linien, etwa 100 Kilometer entfernt. Vater machte die Fahrt mit meinem Bruder Georg, einem in England geborenen Nachbarn und einem amerikanischen Freund. Sie suchten Kontakt zu den amerikanischen Behörden. Man hielt sie nicht ein einziges Mal auf.
In Grimma, einer kleinen Stadt wenige Kilometer westlich der amerikanischen Besatzungslinie, sprachen sie mit dem Stadtkommandanten, Major Clark. Über Rückreisemöglichkeiten in die USA konnte er meinem Vater keine zufriedenstellenden Auskünfte geben. Für eine Rückreise müssten wir bis zum Frühjahr 1946 warten, aber wir seien doch nun in besten Händen, uns könne nichts geschehen. Dies war nicht gerade das, was mein Vater hören wollte. Die zwei Jahre, die wir ursprünglich in Deutschland hatten verbringen wollen, waren schon lange vergangen. Vater sollte die ärztlich verordneten Kuren wenigstens für diese Zeit einhalten. Die Entwicklung unseres Kamerawerkes jedoch hatte den vorgesehenen Zeitplan sowieso schon umgestoßen und auf die paar Monate sollte es nun auch nicht mehr ankommen. Was blieb uns auch anderes übrig.

Unser Haus blieb von dem Chaos, das Dresden durch die Sowjets erlebte, verschont. Selbst die Kamerawerke hatten die Sowjets nicht auf die Liste der zu demontierenden Fabriken gesetzt. Die Auffassung meines Vaters: „Nichts kann uns passieren!“ beeinflusste uns im Denken und im Tun. Wir fühlten uns sicher in unserem Heim hoch auf den Hängen Dresdens.

Innerhalb der ersten Tage der Besatzung versuchten wir die Arbeit in der Firma wieder in normale Bahnen zu lenken. Mein Bruder Georg sollte die Produktion in Schuss bringen, ich kümmerte mich um die Verwaltung. Im Gegensatz zu mir war Georg an unserem Kamerawerk und an technischen Dingen überhaupt eher weniger interessiert. Seit 1941 lernte er in der Landwirtschaft und ihr hatte er sich ganz verschrieben. Auch sein Betrieb war zerstört und so war er unter diesen Umständen nach Dresden gekommen.

Es gingen aber auch erstaunliche Dinge vor sich. Max Bendorf und Heinrich Pechstein, die während der NS-Zeit als Obmänner der Firma bestellt worden waren, erschienen eines Tages mit der kommunistischen Armbinde in unserer Firma. Sie behaupteten, nie Nazis gewesen zu sein und kommandierten herum. Mein Vater protestierte gegen ihren herrschsüchtigen Ton und beschwerte sich bei den Behörden. Die neuen kommunistischen Beamten waren jedoch dieselben, die schon unter den Nazis geherrscht hatten. Es war ohne Erfolg.

Der 13. Mai brachte neue Probleme zu unserer amerikanischen Insel. Neun Amerikaner, ehemalige Kriegsgefangene der Deutschen, erschienen am Tor. Einer von ihnen lag im Sterben und wurde von den anderen auf dem Rücken eines Pferdes zu uns gebracht. Wir transportierten ihn sofort auf einer Trage zum Lahmann-Sanatorium, das jetzt von den Sowjets verwaltet wurde. Als wir den Empfang passierten, sahen wir nur Wodka-Flaschen und betrunkene Russen statt Blumen. Der Gestank von Wodka und kaltem Tabak füllte den Raum. Wir wurden von einem groben Soldaten „begrüßt", der uns anbrüllte: „Raus mit euch. Dieser Platz ist nur für Sowjetsoldaten!" Wir trugen den stöhnenden Verletzten zurück in unser Heim. Dr. Bergmann, unser Hausarzt, kam, untersuchte ihn und gab ihm ein schmerzstillendes Medikament. Am gleichen Abend verließen vier der Amerikaner unser Haus, um die amerikanischen Truppen zu erreichen. Sie versprachen, uns einen Krankenwagen zu schicken. Wir warteten und bangten um das Leben unseres Gastes, als wir den Luisenhof in Flammen aufgehen sahen. Russische Soldaten grölten und lachten, als die Flammen hochstiegen. Dann flüchteten und drohten sie, als wir mit Hilfe unserer amerikanischen Besucher das Feuer löschten.
24 Stunden waren schon vergangen seitdem die ersten der neun Amerikaner nach Westen gezogen waren. Und noch war kein Krankenwagen in Sicht. Die anderen vier zogen nun auch ab, um Hilfe im Westen zu suchen. Eine Stunde später fuhr zu unserer großen Freude ein Krankenwagen vor, der den zurückgelassenen Sterbenden aufnahm und eilig nach Westen abfuhr.
Die erste Gruppe hatte die amerikanischen Linien heil erreicht und berichtet, was in Dresden geschah. Kurz darauf, am 15. Mai, fuhren 26 Fahrzeuge der 76. US-Division vor unser Tor. Sie blockierten die gesamte Bergbahnstraße. Ihre tarnfarbenen Jeeps sahen in unseren Augen noch nie so gut aus. Zwei Offiziere stellten sich vor, Oberst Greenleaves und Oberst Royles. Sie wollten so viele ehemalige Kriegsgefangene wie möglich, die in der Gegend noch umherirrten und den Alliierten angehörten, aufsammeln, um sie in

Sicherheit zu bringen. Ich bot meine Hilfe an und wir fanden an diesem Abend etwa 30 Soldaten, die auf Hilfe angewiesen waren. Wir beherbergten sie, bis sie am nächsten Morgen gen Westen fuhren. Von den Russen war keine Hilfe zu erwarten. Im Gegenteil, sie drohten sogar mit Verhaftung, wenn die Offiziere mit ihren Fahrzeugen nicht sofort die Stadt verlassen würden.
Oberst Royles schlug vor, Proviant in unserem Haus zu hinterlassen, so dass für weitere eventuell noch eintreffende Kriegsgefangene gesorgt wäre. Er war bereit, jede Woche Fahrzeuge vorbei zu schicken, um Neuankömmlinge abzuholen. Dies entwickelte sich so, dass unser Haus alle drei bis vier Tage mit Proviant beliefert wurde. Unsere Fahnen zogen fast täglich umherirrende Soldaten an.
Im Allgemeinen entwickelte sich alles recht gut. Selbst in der Firma hatten wir eine gesunde Produktion aufnehmen können. Auch das Rathaus hatte sich scheinbar damit abgefunden, dass unser Haus einen inoffiziellen Stützpunkt der Amerikaner darstellte. Eines Tages kam ein sowjetischer Offizier an unser Tor. Angeblich musste er unsere Dokumente prüfen. Er fand sie in Ordnung und bot uns Bewachung an. Wir hatten allerdings mehr Vertrauen in unser Schild „Amerikanisches Eigentum".

In der Firma gab die sowjetische Militäradministration eine größere Bestellung von Kameras auf, die uns wieder Hoffnung auf ein Vorankommen unseres Betriebes machte. Es wurden zwei russische Offiziere zum Schutz vor Plünderungen ihrer Landsleute und für die Beschaffung von Produktionsmaterial eingesetzt.
Die optischen Werke in Ostdeutschland waren entweder stillgelegt oder ausgeraubt, so dass wir auf westdeutsche Firmen wie Zeiss-Jena und Schneider-Kreuznach zurückgreifen mussten. Als wir der Militärregierung im Rathaus erklärten, dass die nötige Optik nur im Westen zu beschaffen sei, gab man uns den Auftrag, noch vor dem 28. Juni nach Jena zu reisen. Roosevelt und Stalin hatten auf Jalta den Abzug der amerikanischen Truppen aus Thüringen für den 28. Juni vereinbart und die Russen fürchteten, dass die Amerikaner in Jena alles demontieren würden, so wie sie es selbst im Osten taten.
Um 7.00 Uhr morgens, an diesem 28. Juni, fuhren mein Vater und ich in Dresden ab. Kurz vor 9.00 Uhr erreichten wir die Grenze zum Westen. Trotz Schwierigkeiten mit den Russen kamen wir zur Mittagsstunde in Jena an. Einerseits hatten wir dort wenig Erfolg, weil sich viele der verantwortlichen Personen bereits nach Süddeutschland abgesetzt hatten, als sie hörten, dass die Amerikaner abziehen würden. Jedoch konnten wir die Lieferung der nötigen Objektive bei Zeiss sicherstellen. Die Produktion bei Zeiss war

SONDERHEITEN:
PRAKTIFLEX - KAMERA
PILOT-SUPER-KAMERA
KW-PRAXICOP
KW-EPISCOP
PRAXIDOS - Vergrößerungsgerät

KAMERA-WERKSTÄTTEN
NIEDERSEDLITZ-DRESDEN

KAMERA - WERKSTÄTTEN, C. A. NOBLE, NIEDERSEDLITZ-DRESDEN
Bismarckstraße 56

Telegr.-Adr.
Kawee Dresden

Telefon
Nr. 690989

Bank-Konten:
Reichsbank Dresden Konto 843
Allg. Deutsche Creditanstalt Dresden
Dresdner Bank, Dresden
Stadtbank Dresden 92642
Deutsche Bank, Filiale Dresden
Girokasse Niedersedlitz

Postscheck-Konten:
Dresden 15300
Brüssel 206863

Ihre Zeichen | Ihre Nachricht vom | Unsere Zeichen | Niedersedlitz, 19. 5. 45

Betrifft **Kaufvertrag**

Zwischen der Milter compani Feld Post o3131, vertreten durch Major B. A. Kabantschik einerseits und der Firma Kamera-Werkstätten Charles A. Noble Niedersedlitz-Dresden, vertreten durch Herrn C. A. Noble andererseits wird folgender Kaufvertrag abgeschlossen:
Letzterer verkauft:

1.) 25 ooo Praktiflex-Kameras mit Optik 1:2,o
zum Preise netto je 175.-- Mark

2.) 25 ooo Pilot-Super Kameras mit Optik 1:2,9
zum Preise netto je 65.-- Mark
a) Lieferzeit: 5 Monate mit Anlieferung so hoch wie möglich nach 4 Wochen.
b) Zahlung bei Anlieferung in bar.

3.) 2 1/2 Millionen Filme Größe 24 x 36

4.) 2 1/2 Millionen Filme Größe 6 x 9
Lieferzeit: mit Lieferung der Kameras
Preis wird noch vereinbart.

5.) 5o ooo Bereitschaftstaschem

Für die Militer compani
Feld Post o3131:

Für Kamera-Werkstätten
Charles A. Noble:

KAMERA-WERKSTÄTTEN
CHARLES A. NOBLE
Niedersedlitz

XHAUT
DAVID A. SOULIS, REPORTER

Kamerabestellung der SMAD

noch intakt. Nach Hinterlassen der Bestellungen fuhren Vater und ich nach Kassel zum amerikanische Hauptquartier. Wir spielten mit dem Gedanken, einen Teil des Kamerawerkes in die amerikanische Zone zu verlegen. In Kassel wurde uns jedoch versichert, dass es dafür keine Notwendigkeit gäbe. Dresden befände sich in einem Gebiet, das in Kürze sowieso von Engländern besetzt werden würde und die Oder-Neiße-Linie sei ja dann die Grenze für die Sowjets.

Unsere Rückreise begann ruhig. Wir waren guter Dinge, als wir an der neuen englisch-sowjetischen Besatzungsgrenze in der Nähe von Helmstedt von einem einsamen englischen Posten angehalten wurden. Der Posten fragte, ob wir Selbstmord begehen wollten, indem wir in die sowjetische Zone zurückkehrten. Mein Vater lachte. Es war spät am Nachmittag des 4. Juli, als wir in die Sowjetzone zurückkehrten. Die neuen Stacheldrahtzäune, die grellen Lichter, die Maschinengewehrbunker an der Grenze waren schon gesetzt. Es begann zu regnen, was die Straßen noch unsicherer machte, als sie durch die Kriegsschäden ohnehin schon waren.
Kurz vor Mitternacht erreichten wir Dresden und fuhren direkt nach Hause. Wir sahen nur wenige patrouillierende russische Posten, die aber kaum Notiz von uns nahmen. Alles war still und menschenleer. Es war verboten, nach 21.00 Uhr die Straße zu betreten. Wir hielten an unserem Tor, nahmen unser Gepäck und klingelten wie gewöhnlich. Georg kam uns eilig auf der Treppe entgegen. Ein Herr in Zivil folgte ihm. Mein Vater fragte besorgt: „Georg, wer ist das?“ Georgs Stimme war angespannt. „Etwas ist nicht in Ordnung!“ Er schaute sich um und wandte sich schnell wieder zu uns. „Sie sind hier, um euch zu verhaften!“ Vater verlangte empört eine Erklärung. „Wir nehmen Sie morgen früh mit zur Kommandantur. Ihre Pässe müssen geprüft werden.“ Ich warf einen Blick zum Dach unseres Hauses. Die amerikanischen Fahnen waren verschwunden. Das Gefühl der Sicherheit wich einem Schock. Was wird jetzt geschehen? Der Albtraum begann. Wohin wird er uns führen?

Das Licht in unserem Haus brannte die ganze Nacht, als wir uns auf das Kommende vorbereiteten. Mutter berichtete, was in unserer Abwesenheit geschehen war. Neun russische Offiziere und Soldaten unter Leitung von General Klebow kamen nur wenige Stunden, nachdem Vater und ich das Haus verlassen hatten. Sechs unserer Hausgäste, die wir beherbergt hatten, waren verhaftet und zur Befragung abgeführt worden. Unglücklicherweise waren auch die inzwischen regelmäßig gewordenen Besuche der amerikanischen Offiziere ausgerechnet an diesem Tag eingetroffen. Unter ihnen war Oberst Henry Nelson, Stabsoffizier der 25. Infanteriedivision, Kapitän Jean B. Lefebure und ein französischer Oberst, Oberst Clementon von der 12. Armeegruppe. Sie wurden mehrere Stunden festgehalten und mussten zuschauen, als die Sowjets unsere amerikanischen Fahnen verbrannten. Dann wurden sie aufgefordert, den sowjetischen Sektor unverzüglich zu verlassen.

Die 600 Kameras, die wir noch in unserem Hause gelagert hatten, waren von Stepanjenkow, Adjutant Klebows, stillschweigend mitgenommen worden. Weder meiner Mutter noch Georg hatte man einen Grund für dieses Vorgehen genannt. Mein Vater verkündete immer noch Optimismus. Trotzdem brannte im elterlichen Schlafzimmer die ganze Nacht das Licht.

Am nächsten Morgen, es war der 5. Juli 1945, um 7.00 Uhr, wurden Vater und ich zum sowjetischen NKWD-Hauptquartier auf die Hausenstraße, heute Stauffenbergallee, gebracht. Dort gab es einen Hoffnungsschimmer, denn zwei amerikanische Jeeps standen vor dem Gebäude. Vater glaubte, sie seien da, um uns zu helfen. Ich dachte, sie seien auch verhaftet worden. Was tatsächlich mit den Insassen geschehen war, habe ich nie erfahren. Wir wurden drei Tage im provisorischen NKWD-Quartier festgehalten, bevor man uns gemeinsam mit den Möbeln in das neue Hauptquartier Bautzner Straße 114 einquartierte. Bis dahin wurden uns nur wenige lapidare Fragen gestellt, ob Verwandte von uns in Deutschland leben oder weshalb wir nach Deutschland gekommen seien. Von meinem Zimmer im Dachboden der Bautzner Straße 114 konnte ich auf's Elbtal schauen. Im Nordosten war mir sogar ein Blick auf das „Blaue Wunder" und die weißen Terrassensteine der Villa „San Remo" möglich, wo noch vor kurzem die amerikanischen Fahnen wehten.
Die einzige Möglichkeit, meinem Vater zu begegnen und kurz mit ihm zu sprechen, war auf dem Weg zur Toilette. Bei einer solchen Gelegenheit flüsterte mein Vater mir zu, dass Oberst Wokowitzki ihn angesprochen habe und behauptet hatte, ein Telegramm aus New York erhalten zu haben. Dieses hätte bestätigt, dass mein Vater kein amerikanischer Staatsbürger sei. Mein Vater antwortete, wenn er überhaupt eine Nachricht erhalten hätte, wäre diese aus Washington, nicht aus New York gekommen. Der verärgerte Oberst winkte ab und verließ das Zimmer.
Am Abend des 13. Juli brachte uns der Posten die ersehnte Nachricht, dass wir auf freien Fuß kämen. In Gedanken entschuldigte ich diese Tage als eine Zeit der Prüfung unserer Papiere und Klärung unserer Identität, die jetzt vorbei sein sollte.
Am nächsten Tag standen wir bereit. Ich wurde zu einem Offizier gerufen und war der Annahme, dass ich frei sei und nach Hause käme. Er benahm sich wie ein NKWD-Offizier und sah auch so aus. Er war kurz von Statur, machte kleine Schritte, sein Kopf war leicht gebeugt, sein Blick hatte Mühe, die buschigen Augenbrauen zu durchdringen. Er schien unter ständiger Spannung. Sein Name war Kapitän Pankow. Er war Offizier des NKWD. Kapitän Pankow schien trotzdem freundlich. Er grüßte mich mit einem Lächeln. Als wir zur Sache kamen, nahm ich an, es ginge um letzte Fragen oder Anordnungen. „Wieviel Geld hast du?", fragte er. Ich nahm mein Portmonee und blätterte durch mein Geld. Ein 1.000,– RM-Schein und weitere 1.860,– RM in kleineren Scheinen befanden sich darin. Ich überreichte ihm das Portmonee, behielt aber instinktiv den 1.000,– RM-Schein in der Hand. „Nimm deine Uhr ab, bitte!" Ich reichte ihm die Uhr und er gab mir eine Quittung. „Gib

mir deine Papiere!", befahl er freundlich. Er nahm sie und machte einen kleinen Haufen mit meinem Pass, dem Führerschein, der Geburtsurkunde und meinem Schweizer Schutzbrief. Auch mein silbernes Zigarettenetui plumpste auf den Haufen. „Du gehst ins Gefängnis!", teilte er mir emotionslos mit. Er musste meinen Schreck bemerkt haben, denn er lies sich zu einer legeren Erklärung herab: „Wir brauchen dich als Zeugen für deinen Vater. Und dann kannst du nach Hause gehen." Als ich protestierte, dass mein Vater als Amerikaner nicht der sowjetischen Justiz unterstellt werden kann, machte er eine wegwerfende Handbewegung. „Meine Regierung weiß genau, was sie tun kann!" Der Posten nahm mich mit zu dem wartenden Fahrzeug. Mein Vater war bereits dort. Auf dem Weg ins Gefängnis flüsterte er, es werde sich alles zum Rechten wenden. Die Fahrt war kurz, den Berg hinunter ins Stadtzentrum von Dresden, durch bombenzerstörte Straßenzüge, bis zum noch funktionsfähigen Gefängnis „Münchner Platz".

Vom Wagen wurden wir in das Innere des Gefängnisses gebracht. Tor nach Tor fiel hinter unserem Rücken zu. Das Echo des Schalls klang uns in den Ohren. Der Posten führte uns in einen kleinen Raum und sprach in gebrochenem Deutsch: „Nimm eure Gürtel ab und die Schnürsenkel aus den Schuhen!" Er erklärte, dass dies eine normale Prozedur sei, um Selbstmord zu vermeiden, vorwiegend bei Kriminellen. „Kriminelle!" Der Gedanke schwirrte durch meinen Kopf. „Kriminelle?"
Der Posten begleitete uns zur zweiten Etage. Ich wurde zu Zelle Nummer 5 geführt, mein Vater in die andere Richtung. Als ich in die Zelle trat, schlug der Posten die mit Stahl verkleidete Tür hinter mir zu. Das Geräusch vibrierte durch meinen Kopf und durch meinen Körper. Allein! Der Schall der eisernen Tür füllte den Raum. Alle Gefühle des Misstrauens, die der Optimismus meines Vaters unterdrückt hatte, kamen wie eine Welle über mich. Ich war alleine! Ich hatte Angst. Die Tür schloss mich ein. Und dieser Stahl schloss die Welt aus.
Auf Augenhöhe war ein kleines Spionloch und darüber ein mit Eisenstäben vergitterter Durchbruch. Durch das Loch konnte ich sehen, wie mein Vater in seine Zelle geschoben wurde. Eine Zelle, schräg gegenüber von meiner. Eine halbe Stunde starrte ich durch das Spionloch auf die gegenüberliegenden Türen und wunderte mich, wie viele andere Augen zur gleichen Zeit durch ihren Spion blickten. Dann hörte ich das Schreien. Jemand wurde ausgepeitscht. Das Geschrei war laut, aber man konnte die Richtung, aus der es kam, nicht deuten, als ob es durch die dicken Wände des Gefängnisses gefiltert wurde. Später war es mir möglich, die Richtung zu erkennen. Gefoltert wurde in dem Verhör-

raum im Seitenflügel, der auf der gegenüberliegenden Seite meiner Zelle lag. Dieser Teil des Gebäudes grenzte an die George-Bähr-Straße, die auf der anderen Seite mit Wohnhäusern bebaut war. Plötzlich hallten Geräusche der Gewalt in unseren Zellenblock. Ich hielt den Atem an. Es kam von der vierten Etage. Den Gang der vierten Etage konnte ich sehen, indem ich schräg nach oben schaute. Ich sah, wie ein Widerstand leistender Häftling aus seiner Zelle gezogen wurde. Die Posten warfen ihn auf den Boden. Er kämpfte, auf eigenen Füßen zu stehen, doch die Posten zwangen ihn immer wieder mit ihren Knien zu Boden. Sie rissen ihm die Kleidung vom Körper, erst das Hemd, dann die Hosen. Der Häftling rollte sich wie ein Ball mit dem Kopf gegen die Wand. Der eine Posten hatte eine kurze Lederpeitsche, der andere zog im Nu seinen Gürtel heraus. Sie verprügelten ihn nicht methodisch, sie schlugen wie tollwütig auf ihn ein. Sie traten ihn und zerrten ihn den Boden entlang. Die Lederriemen brachen die Haut. Der Mann schrie aus tiefstem Schmerz.
Ich konnte den Blick nicht abwenden. Dieser Horror war hypnotisierend. Noch lange, nachdem die Posten ihren Atem wieder gefangen hatten und der blutige Körper in seine Zelle geschoben war, hallten die Geräusche in meinen Ohren. Sie verfolgten mich noch im Schlaf.

Es vergingen einige Tage bis ich erkannte, was im Gefängnisleben das Wichtigste war. Den ständigen Gedanken an Essen, während man am Verhungern ist, zu verdrängen, gehört zu den elementaren Voraussetzungen, um zu überleben und bei Verstand zu bleiben. Genauso wichtig für die Erhaltung der Sinne war, sich nicht von Angst beherrschen zu lassen. Ich musste lernen, dass fast ständig zu hörende Geschrei und die damit verbundenen Leiden so zu verdrängen, dass mich das Mitgefühl nicht erwürgte. Häftlinge, denen das nicht gelang, haben nicht lange gelebt. Sie haben den Verstand verloren. Einer der vielen Häftlinge, die Selbstmord begingen, tötete sich, indem er im Wahn den Kopf gegen die Wand stieß.

Als mir das erste Essen gebracht wurde, hatte mein Stolz noch die Oberhand. Seit meiner Verhaftung am 5. Juni waren 10 Tage vergangen und ich hatte bereits beträchtlich an Gewicht verloren. Das Mahl bestand aus einer bräunlichen Brühe mit Fischgeschmack. Trotz des schon schmerzenden Hungers goss ich sie weg. Am Abend gab es die gleiche Suppe. Wieder schüttete ich sie in den Trichter für die Notdurft.

Innerhalb weniger Tage wurde mir klar, dass ich einen schweren Fehler begangen hatte. Plötzlich, nach etwa zwei Wochen, blieb die Suppe aus. Nicht nur für mich, für alle Gefangenen, ohne Erklärung. „Morgen gibt's wieder was!“, brummte der Posten teilnahmslos. Aber es gab nichts. Eine Tasse warmes Wasser mit Kaffeegeschmack war alles, was man uns zuteilte. Später, am Tag, brachten die Posten einen Kübel warmes Wasser, was ebenso verteilt wurde, als sei es Nahrung. Langsam übernahm mein Magen Körper und Seele. Auch am nächsten Morgen gab es nichts. Nur wieder eine Tasse warmes Wasser. Ich hatte niemals Hunger gelitten. Während meiner gesamten Internierungszeit in Deutschland konnten wir uns immer ausreichend versorgen. Jetzt musste ich erfahren, was Hunger ist und es machte mir Angst. Es war nicht nur ein Gefühl des Hohlseins, es war eine Qual, die nicht aus dem Kopf ging.
Ich musste meine Gedanken sammeln und mir meine Situation klarmachen. Ganz allein konnte ich niemanden um Hilfe rufen, nur Gott. Möglicherweise würde er meine Gebete erhören. Doch ich war mir nicht sicher. Mein ganzes Leben war voller Segen. Nie hatte ich dafür gedankt. Durfte ich ihn jetzt um Hilfe bitten? Könnte er die Gefängnisleitung umstimmen, uns nicht verhungern zu lassen oder uns gar die Freiheit zu geben? Ich sprach mein Gebet. Ich ersuchte Gott um Gnade.
Ich war sicher, dass viele auch außerhalb der Gefängnismauern bei Gott Hilfe suchten. Denn auch die freien Menschen in Deutschland mussten ihren Gürtel sehr viel enger schnallen. Lebensmittel waren rar. Die vom Luftangriff verschonten Vorräte und Lebensmittellager hatten die Russen geplündert, um Mehl und Brot gegen Wodka zu tauschen. Die Versorgung der Häftlinge war für sie bedeutungslos.

Ich hatte jetzt drei Tage ohne jegliches Essen hinter mir. Es schien, als hätte Gott die Tür vor mir zugeschlagen. Doch am vierten gab es, Gott sei Dank, ein paar Gramm Brot und eine dünne Suppe. Der nächste Tag brachte das Gleiche. Ich ahnte nicht, was bevorstand. Das Essen blieb abermals aus. Ich glaubte, es könnte wieder drei Hungertage und dann zwei Tage mit „Suppe“ geben. Aber als das Essen weiterhin ausfiel und weiterhin und weiterhin und weiterhin war es für die meisten Häftlinge zu viel. Einer nach dem anderen starb.
Es war nicht nur der Hunger, es war auch die Aufgabe der Hoffnung. Ich konnte nicht mehr auf den Beinen stehen und musste zur Tür kriechen, um die Tasse Wasser am Tag zu empfangen. Erschöpft blieb ich am Türrahmen sitzen. Nur wenn der Posten dieses eine mal am Tag die Tür öffnete, nahm ich alle Kraft zusammen und stellte mich aufrecht

und so gerade wie möglich in den Rahmen. Vater sollte meinen, dass ich stark genug sei. Und auch er stand für diesen Moment in der Tür, wir konnten uns durch das Spionloch sehen. Das gab mir Kraft, denn wenn er es durchhalten konnte, musste ich es auch schaffen. Ich lauschte auf die ständigen Geräusche von außen, in der Hoffnung, dass etwas gebracht werden würde. Stattdessen hörte ich immer wieder das Öffnen von Zellen, das Schleifen von leblosen Körpern auf dem Boden und das Aufschlagen der Köpfe der Toten auf den Stufen. Wann würde es mein Kopf sein, den andere noch Lebende hören würden?

Es waren sechs Tage ohne irgendetwas Essbares vergangen, eine Tasse Wasser pro Tag war alles. Der Hungertod beginnt mit unerträglichem Kopfschmerz und schweren Magenkrämpfen. Trotz der Schmerzen versuchte ich jede Bewegung zu vermeiden, um die letzte Energie zum Atmen zu sparen. Ich konnte nicht mehr sprechen und die Augen fielen zu. Dieser Zustand hielt drei Tage an. Dann verschwanden die Schmerzen plötzlich und es setzte völlige Apathie ein. Auf meiner Pritsche liegend wandte ich mich an Gott mit der Bitte, meine Augen zu schließen, ich konnte es nicht mehr ertragen. Es war der hoffnungsloseste Moment meines Lebens.

Und ich begann zu beten: „Mein Leben ist zu Ende. Wenn es ein weiteres Leben für mich geben sollte, so ist es nicht mehr mein Leben, es gehört dann Gott!"

Ich war am Ende meiner Kraft. Die 22 Jahre meines Lebens liefen wie ein Film vor mir ab. Ich suchte nach Fehlern, die ich begangen hatte, nach irgendetwas, was dieses Leiden hätte rechtfertigen können. Das ich mich immer ausschließlich unserem Betrieb gewidmet hatte, konnte man mir doch nicht vorwerfen? Auf der Suche nach einem Grund trat ich gesenkten Hauptes im Gebet erneut vor Gott. Und schlief fest ein. Als das Licht des neuen Tages in meine Zelle fiel, erwachte ich als ein neuer Mensch. Ich konnte meine Füße fest auf den Boden setzen, zu stehen fiel mir nicht schwer. Ich konnte sogar wieder laufen und sprechen. Ich fühlte mich nicht allein in meiner Zelle, doch war niemand zu sehen. Aber ich wusste, Gott hatte mir ein Weiterleben erlaubt. Die Hungerperiode hielt weitere sechs Tage an, doch ich wurde von Tag zu Tag stärker. Die Sowjets konnten mir nichts mehr anhaben.

Es waren zwölf Tage vergangen. Ganz gleich, welcher Ruf am Morgen kam, ob Frühstück oder Kaffee, es war Wasser. An diesem zwölften Tag stand der Posten vor meiner Tür, als ob sich nichts geändert hätte. Doch er nahm eine Handvoll Brotkrümel aus einem Sack und legte sie mir auf den Tisch. Ich starrte auf diese Krümel, nahm dann

Gefängnsizelle am Münchner Platz

einen nach dem andern sorgfältig auf und war dankbar. Sie waren trocken und geschmacklos und konnten die Schmerzen der Leere nicht lindern, aber der Körper erinnerte sich langsam an Nahrung. Während manche noch starben, bewegten sich einige wieder. Von 700 Gefangenen gehörten mein Vater und ich zu den 22 Überlebenden, die dem Hungertod entrannen. Das Gefängnis war gespenstig leer, doch es blieb nicht lange so. Neue Verhaftungswellen setzten ein. Die Häftlinge beschwerten sich über das karge Mahl. Für uns war es eine Erlösung.

Meine Zelle war etwa drei Meter lang und einen guten Meter breit. Ein Metallgestell, auf dem eine zwei Zentimeter dünne Matte lag und das man hochklappen konnte, diente als Bett. An der anderen Wand befand sich ein Tisch und ein Brett, welches man ebenfalls hochklappen konnte, um überhaupt gehen zu können. Neben der Tür befand sich ein Toilettentrichter, der vom Gang aus nur einmal gespült wurde, um zu verhindern, dass man das Wasser trank. Die allgegenwärtige Plage der Anwesenheit von Wanzen und Läusen in den Zellen war widerlich und lies sich nur langsam reduzieren, indem man eine nach der anderen knackte.
Ich war überglücklich, als mir ein Fremder in die Zelle gebracht wurde. Wieder mit einem Menschen sprechen zu können, machte die endlosen Stunden kürzer. Einzelhaft ist schwer zu ertragen. Andererseits wurden Zellen der gleichen Größe mit Häftlingen so vollgepfercht, dass ihnen das Atmen schwerfiel. Dieser Zustand war noch schlimmer. Mein erster Zellengenosse war ein in Russland geborener Arzt. Leider war er mir nicht lange vergönnt. Vermutlich sollte ich in Einzelhaft bleiben. Auch er hatte wie ich und so viele andere Häftlinge keine Ahnung, warum er verhaftet worden war. Wenn man nach der Justiz fragte, war die Antwort: „Justiz gibt es hier nicht. Wir haben die Macht, zu tun, was wir wollen!“ Das Zermürbende war die Ungewissheit, ob überhaupt eine Chance bestand, das Gefängnis jemals lebend verlassen zu können.

Im Dezember 1945 war ein bitterkalter Winter eingebrochen. Eis haftete an den Zellenwänden. Am Nachmittag des Heiligabend wurde mir ein junger Forststudent in die Zelle gebracht. Wir legten die dünne Matte auf den Fußboden, um beide Rücken an Rücken darauf liegen zu können. Kaum waren wir eingeschlafen, krachten die Schlüssel des Postens an der Tür. Fluchend kam er herein, griff den jungen Studenten und begann, ihm die Kleidung vom Körper zu reißen. Mit einer Hand griff er zum Heizkörper, lies den Jungen los und verlies die Zelle. Man hatte Heiligabend geheizt. Unser Anblick erweckte den Eindruck, dass wir uns undankbar zeigten. Deshalb wurde der junge Student angegriffen, bis der Posten bemerkte, dass der Heizkörper unserer Zelle kalt war. Am Weihnachtstag gab es Brot und Kaffee, aber die Entlüftung unseres Heizkörpers war für uns ein noch größeres Geschenk.

Es war verboten, etwas von einer Mahlzeit zur anderen aufzuheben. Ich tat es trotzdem, um aus Brot und Suppe „Weihnachtsplätzchen“ im Heizkörper zu backen. Der Duft verlies die Zelle und machte den Posten aufmerksam. Er kam herein und verlangte eine Erklärung. Ich zeigte ihm meine „Plätzchen“ und versuchte ihm verständlich zu machen, dass mein Vater in Zelle 30 saß und er ihm meine „Plätzchen“ bringen solle. Er nahm sie, tat, als ob er kein Wort verstanden hätte, schüttelte den Kopf und verlies die Zelle. Wenn ein Posten in eine Zelle ging, wurde dies vom gesamten Bewachungspersonal im Gebäude beobachtet. Ich schob meinen Finger durch das Spionloch und drängte die Scheibe zur Seite, um zur Zelle 30 sehen zu können. Der Posten ging einige Runden, blieb dann vor der Zelle meines Vaters stehen, tat, als ob er etwas Verbotenes gesehen habe, schloss auf und ging hinein. Es dauerte nur wenige Sekunden, als er mit gewaltigem Getöse die Tür wieder zuschlug und weiter seine Runden drehte. Nach vielen weiteren blieb er wieder vor meiner Zelle stehen, öffnete die Tür, kam herein, drängte mich in die Ecke, gab mir ein Stück Brot und sagte in klarem Deutsch: „Hier! Es ist von deinem Vater. Für Weihnachten!“ Offensichtlich gab es auch bei einigen Posten Augenblicke des Mitgefühls, schließlich hätte er zum Häftling werden können. Unwillkürlich gab mir diese Erfahrung Hoffnung. Trotzdem mochte ich nicht nachdenken und wagte mir nicht auszumalen, wohin dies alles noch führen würde. Das die US-Regierung Schritte unternehmen würde, dessen war ich mir sicher, aber warum war bis jetzt noch nichts geschehen? Wussten sie nicht, wo wir waren? Hatten die Sowjets uns verleugnet? Ich hatte keine Antwort. Meine Welt war jetzt die Zelle. Die Außenwelt war mir unbekannt.

Nach sechs Monaten Einzelhaft musste ich umdenken. Was in der Außenwelt geschah, wusste ich nicht und ich hätte es in meiner Situation auch nicht ändern können. Um zu überleben, musste ich mich auf mich konzentrieren. Natürlich waren meine Gedanken oft bei meiner Mutter und meinem Bruder. Ob sie noch unter Hausarrest standen oder in ein Lager oder Gefängnis verschleppt worden waren? Ob sie überhaupt noch lebten? Hier im Gefängnis geschah bald etwas, was für mich von großer Bedeutung sein sollte.

In den ersten Januartagen 1946 wagte ein Häftling, der als Putz- und Hilfspersonal arbeitete, ein Seil von der dritten Etage zum gegenüberliegenden Gebäude zu spannen, um Pakete per Seilpost zu empfangen. Das gegenüberliegende Gebäude war eine Ruine und offensichtlich hatten sich Freunde oder Familienangehörige des Häftlings dort unbemerkt Zutritt verschafft. Eines der Pakete fiel dem Wachpersonal vor die Füße. Der Teufel war los. Das gesamte Hilfspersonal wurde eingeschlossen und man beauftragte Stepanjenkow, neue Häftlinge dafür zu bestimmen. Ich kannte Stepanjenkow nicht, aber er kannte mich. Als Adjutant des Generals war er zu unserem Haus gekommen, um meinen Vater und mich zu verhaften, als wir noch nicht von unserer Reise zurück waren. Die Verhaftung hatten dann andere übernommen. Er hatte in unserer Abwesenheit die Kameras, die sich noch in unserem Haus befanden, eigenmächtig an sich genommen und auf dem Schwarzmarkt verhökert. Das hätte General Klebows Privileg sein sollen. So bekam Stepanjekow 15 Jahre Haft und war jetzt selbst Häftling.
Stepanjekow kam zu mir in die Zelle und fragte mich, ob ich arbeiten wolle. Ich stimmte sofort zu. Die Möglichkeit, aus der Zelle herauszukommen, empfand ich schon als eine Befreiung. Vorerst hatte ich nur die Gänge auf meiner Etage sauber zu halten. Dr. Nestle war verantwortlich für die Verteilung der Lebensmittel. Ich musste mit ihm zur Küche gehen und Brotkörbe oder Suppenkübel austragen. Bei dieser Gelegenheit sah ich die amerikanischen Säcke, aus denen die Grundlage für die Fischsuppe entnommen wurde. Sie trugen die Aufschrift „Nicht für den menschlichen Verbrauch!" Diese Grundlage bestand aus getrockneten Fischabfällen, Schwänzen, Köpfen und anderen Teilen. Sie schmeckte furchtbar, aber sie hielt uns am Leben.
Dr. Nestle wurde bald in ein Lager verlegt und ich kam in Zelle 31, die ich mit einem Bulgaren namens Timcheff teilte. Er war für die Zellenkartei zuständig, ich dagegen durfte nun in der 2. Etage Essen verteilen. Dies machte es mir möglich, mehrmals am Tag meinen Vater sehen zu können. Es war uns strengstens untersagt zu sprechen. Nur wenn der Posten schon auf dem Weg zur nächsten Zelle war, gelang es mir, kurz einige Worte mit ihm zu wechseln. Gelegentlich konnte ich ihm sogar etwas Brot zustecken. Das Zusammenleben mit Timcheff war schwer, denn er gab sich der Gefängnisleitung verbunden. Timcheff wusste, wann Transporte nach Mühlberg oder Ketschendorf für den nächsten Vormittag vorgesehen waren. Häftlingen, die noch heimlich Schmuck oder andere Wertgegenstände bei sich trugen, erzählte er von einer drohenden Zellenratia und bot ihnen die Aufbewahrung ihrer Schätze an. Die verzweifelten Häftlinge waren bereit, Timcheff alles, was ihnen geblieben war, anzuvertrauen. Am nächsten Morgen, kurz vor dem

MÜNCHENERPLATZ PRISON

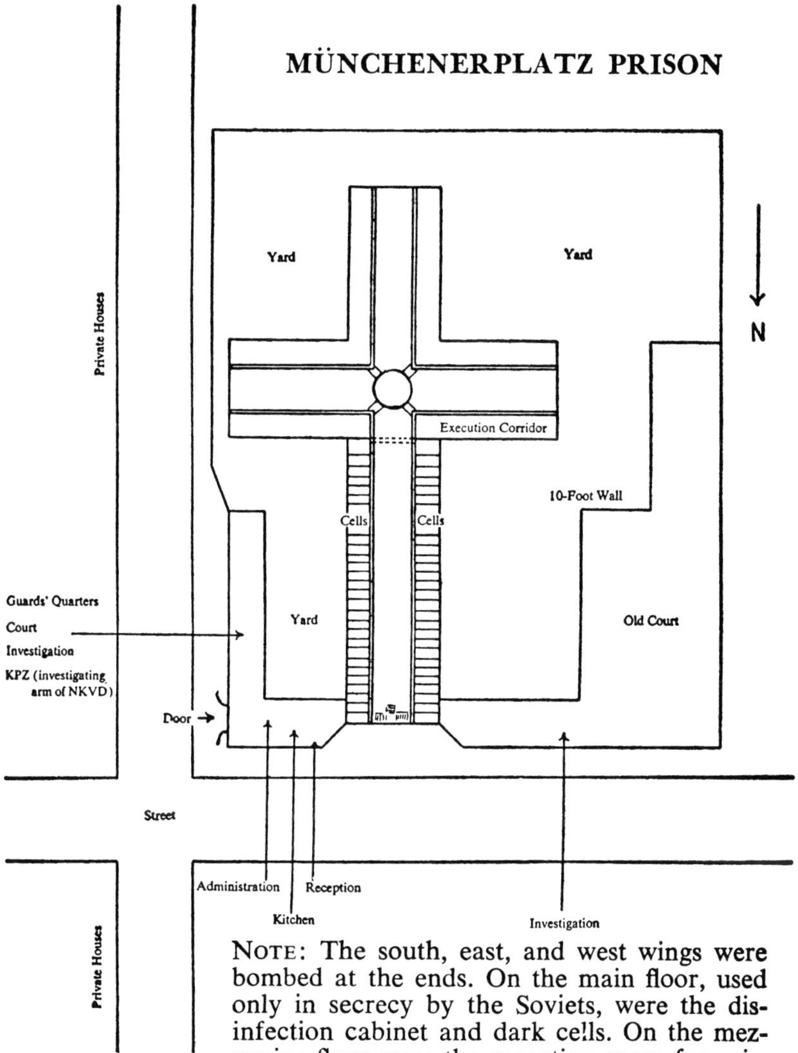

NOTE: The south, east, and west wings were bombed at the ends. On the main floor, used only in secrecy by the Soviets, were the disinfection cabinet and dark cells. On the mezzanine floor were the reception room for prisoners, prisoners' kitchen, and KPZ cells. On the second floor were 30 prisoners' cells, 2 dungeons, 5 cells for prisoners sentenced to death, execution area, investigation rooms, and administrative offices. On the third floor were 30 cells, doctor's quarters, Soviet court, and administrative offices.

Abtransport, war Timcheff für diese Häftlinge nicht mehr erreichbar. Was Timcheff mit all diesem Schmuck getan hat, weiß ich nicht. Vermutlich hat er sich Vorteile bei den Russen erkauft. Lange ging es für ihn nicht gut. Ein Häftling hatte in seinem späteren Aufenthaltsort darüber berichtet, so dass die Gefängnisverwaltung Timcheff ohne Urteil nach Bautzen schickte. Der Neid unter den Russen war unbeschreiblich.
Es war Ende März 1946, Stepanjenkow war weg, Timcheff war weg. Die neue Arbeitsaufteilung der Häftlinge ergab, dass ich nun die Häftlingskartei führen sollte. An sich keine schwierige Tätigkeit. Ich konnte nicht ahnen, dass sie mich unmittelbar mit allem Grauen der Geschehnisse im Gefängnis konfrontieren würde.

Im April begannen die Verhöre und die Verurteilungen der Häftlinge. Das Geschrei der Gefolterten konnte man durch das ganze Gefängnis hören. Das Geschrei der zum Tode Verurteilten hörten nur wenige. Es war üblich, dem zum Tode Verurteilten das Einreichen eines Gnadengesuches zu erlauben. Bleistift und Papier dafür musste ich diesen Häftlingen aushändigen. Ich musste auch zugegen sein, wenn der Kommandant das Gnadengesuch entgegennahm. Ohne es zu lesen, zerriss er das Papier, auf das der Verurteilte alle Hoffnung auf ein weiteres Leben setzte. Ein neunjähriger Junge, der zum Tode verurteilt war und dessen Gnadengesuch zerrissen wurde, schrie bis zur Bewusstlosigkeit. Nie wurde ein Gnadengesuch gelesen, nie.

Die ersten zwölf zum Tode Verurteilten wurden nicht am Münchner Platz hingerichtet, sondern abtransportiert. Als das Begleitpersonal zurückkam, teilten sie mir zur Eintragung in die Häftlingskartei mit, dass die zwölf am Schloss Albrechtsberg erschossen und unter dem Balkon vergraben wurden. In der Zeit, in der ich die Kartei führte, bis August 1946, wurden alle weiteren zum Tode Verurteilten, etwa 400, am Münchner Platz hingerichtet. Zuerst wurden sie aus ihrer Zelle genommen und vollkommen entkleidet, gleich, ob Mann, Frau, Junge oder Mädchen. Zwei Posten traten je an die Seite des Häftlings und ein Offizier ging hinter ihm. Er wurde vom Südflügel in das Rondell geführt. Von dort erhielt er die Anweisung: „Nach rechts! Nach links!“, bis er vor einer vertieften ehemaligen Gummizelle stand. Der Genickschuss fiel und der Körper zuckte in diesen Behälter hinein. Nachdem die letzte Hinrichtung des Tages stattgefunden hatte, musste ich mit einem Helfer ein Benzinfass zur Hinrichtungsstelle rollen.
Die Verteilung der Kleidung der Ermordeten unter den Häftlingen gehörte ebenfalls zu meinen Aufgaben. Das Verbrennen der Leichen übernahmen die Posten selbst. „Justiz gibt es hier nicht. Wir haben die Macht!“ Das war realer Alltag. Ein Zehnjähriger wurde

zum Verhör gebracht, mit der Beschuldigung, er habe eine bestimmte Brücke gesprengt. Der verzweifelte Junge behauptete fest, dass er eine solche Tat nicht begangen habe. Immer wieder wurde er beschuldigt, immer wieder verneinte es der Junge. Immer wieder schlug man ihn mit einem Kupferrohr, bis die Haut seines Rückens aufgebrochen war. Dr. Schröder und ich mussten den bewusstlosen Jungen zu seiner Zelle zurückbringen. Dr. Schröder, Arzt und selbst Häftling, säuberte seine Wunden soweit es möglich war. Wenige Wochen später wurde der Junge wieder zum Verhör gebracht, dieselben Beschuldigungen, dieselbe Antwort, dieselbe Folter.
Nach einigen Wochen, musste der Junge abermals zum Verhör. Er konnte die Folter nicht mehr ertragen und gab zu, die Brücke gesprengt zu haben. Nachdem sein Rücken verheilt war, wurde er wieder geholt. Diesmal aber beschuldigt, einen sowjetischen Offizier belogen zu haben, denn die besagte Brücke war nie gesprengt worden. Er wurde verurteilt. Zwei Wochen später fand man ihn tot in seiner Zelle.

Die Foltermethoden waren grausam und vernichtend für den Häftling. Das Auspeitschen mit Blei- oder Kupferrohren machte jeden gefügig, gewünschte Geständnisse zu erzwingen, ob wahr oder nicht. Die stumme Folter fand im Keller statt. Der Häftling wurde in ein mit Wasser gefülltes Loch gesteckt und musste auf Kieselsteinen stehen. Die Opfer, mit denen ich später sprechen konnte, berichteten einstimmig, es sei unmöglich, das länger als 20 Minuten auszuhalten.

Der Münchner Platz hatte eine durchschnittliche Belegung von etwa 700 Häftlingen. In der Zeit meiner Karteiführung sind insgesamt 21.000 Häftlinge im Gefängnis registriert worden. Nur wenige Namen sind mir noch in Erinnerung. Frau Mutschmann war zu dieser Zeit fast jedem bekannt. Sie war die Frau des Nazigauleiters von Sachsen. Hinter dem Namen Heinrich Müller verbarg sich die rechte Hand Himmlers. Als Leiter der Gestapo und SS war Müller der bedeutendste Fang der Russen. Er gehörte zu der fanatischen Gruppe der Naziführer, die die Judenverfolgung ins Leben gerufen haben soll. Die Russen wollten ihn unbedingt am Leben halten. Er verstarb jedoch im Sommer 1946 im „Gefängnis Münchner Platz“. Sofort erschien eine Kommission hoher sowjetischer Offiziere. In dem Glauben, man hätte Müller Gift zukommen lassen, wollte man unter allen Umständen die Todesursache feststellen. Dr. Schröder wurde mit der Autopsie beauftragt, bei der ich assistieren musste. Sein Befund war ein natürlicher Tod. Trotz aller Grausamkeiten um mich war es ein unheimliches Erlebnis.

Sowjetische Offiziere als Häftlinge waren ungewöhnlich, aber es gab sie. Eines Tages wurden etwa 20 auf einige Zellen verteilt. Unter ihnen befand sich ein Oberst, der gut Deutsch sprach und mit dem ich öfters Gelegenheit hatte, zu sprechen, da seine Zelle nie verschlossen war. Die Gruppe waren Offiziere des NKWD, die sich nach dem Westen absetzen wollten. Dieser Oberst fragte mich, ob ich schon verhört worden wäre. Er empfahl mir, beim Verhör unbedingt die Wahrheit zu sagen. Man wird unbedeutende Fragen stellen und nach Monaten wieder dieselben Fragen. Ist die Antwort nicht absolut identisch, ist das ein Grund zum Hängen. Denn an die Wahrheit kann man sich immer erinnern, wenn man etwas Falsches gesagt hat, wird man das nicht Wort für Wort wiedergeben können. Als wir über die politische Lage sprachen, behauptete er, dass die Sowjets zu viele Feinde hinter ihrem Rücken haben. Ein Rückzug würde ihnen das Genick brechen. Deswegen werden sie den Westmächten, in erster Linie den Amerikanern solange entgegenstehen, bis diese nachgeben und die Sowjettruppen bis an den Atlantik marschieren können. Sollten die Amerikaner mit Krieg drohen, kann sich die Rote Armee unter dem Vorwand, Frieden zu wahren, erhobenen Hauptes zurückziehen.

Eines Tages hatte sich zur Überraschung der Gefängnisverwaltung General Klebow angemeldet. General Klebow war der Leiter des NKWD in Deutschland und zu dieser Zeit verantwortlich für die Verhandlungen mit dem Westen. Er kam ins Gefängnis direkt zu mir und befahl: „Räum eine Zelle und organisiere einen Tisch. Ich will jeden Häftling unter vier Augen sprechen!" Als ich dabei war, kam er wieder: „Du weißt wohl alles, was hier im Gefängnis vor sich geht?" „Mmh." Ich versuchte ihm auszuweichen. „Ja, das kann wohl stimmen." „Sag mal, gibt es irgend etwas, was ich wissen sollte?" Ich schaute ihn an: „General, wenn Sie in meinen Schuhen steckten und Sie etwas wüssten, würden Sie es sagen?" „Nein, natürlich nicht.", erwiderte er. „Dann bitte verstehen Sie, dass ich es auch nicht tue." Er lächelte und damit war das kurze Verhör beendet. War das ein Test? Stand ich vielleicht vor der Entlassung und er wollte meine Kenntnisse überprüfen?

Während meiner Zeit im Gefängnis am Münchner Platz war es mir möglich, meinem Vater gelegentlich zu helfen. Es gelang mir nicht nur mit etwas zusätzlichem Brot, auch der seelische Zuspruch war für uns wichtig. Nicht nur meinem Vater konnte ich helfen, auch anderen. Normalerweise gingen die Verhöre bis 4.00 Uhr am Morgen, dann war bis 7.00 Uhr gewöhnlich Ruhe. Auch ich schlief in dieser Zeit, so dass ich den „Neuzugang" von fünf jungen Leuten, drei Burschen und zwei Mädchen, nicht gleich bemerkte. Am

Morgen erfuhr ich davon. Sie hatten im Rausch irgendwo Rote Fahnen heruntergerissen. Man hatte jeden in eine andere Zelle gelegt und sie auf verschiedenen Etagen verteilt, um jeglichen Kontakt zwischen ihnen zu verhindern. Ich musste nun die Daten aufnehmen. Als mir die erste Zelle geöffnet wurde, stand ein ausgesprochen attraktives, junges Mädchen vor mir. Sie fragte sofort: „Wo sind meine Freunde?" „Ich sag's Ihnen später.", flüsterte ich. Nachdem ich auch mit den anderen Kontakt hatte, hielt ich während ihrer Verhöre ständig Verbindung zwischen ihnen, so dass sich ihre Aussagen nicht widersprachen. Für mich war das eine lebensgefährliche Aktion. Später erfuhr ich, dass einer dieser jungen Leute aus der Bürgermeisterfamilie Weidauer stammte. Nach etwa sechs Wochen wurden sie entlassen. Sie gehörten zu den einzigen insgesamt 15 Häftlingen, die jemals als freie Bürger die Gefängnismauern des „Münchner Platzes" verlassen durften.

Ende August 1946 kam Kapitän Pankow und enthob mich meiner Arbeit ohne Erklärung. Ich war wieder eingeschlossen in meiner Zelle. Drei Tage später wurden Transporte nach Mühlberg und Ketschendorf zusammengestellt, mein Vater und ich waren dabei. Familienangehörige in das gleiche Lager zu deportieren, war nicht üblich. Unser Glück war, dass Rosinski, stellvertretender Kommandant, für die Aufteilung der Transporte zuständig war. Er hatte sich während meiner Haft von mir Erlaubnis für den Erwerb einer „Praktiflex"-Kamera aus unserer Firma geben lassen. Ich wusste nicht, ob sie etwas taugte, denn nach unserer Verhaftung war unsere Kameraproduktion unter Aufsicht von Benndorf und Pechstein. Aber ich gab sie ihm gern, in der Hoffnung, dadurch im Kamerawerk unserem Abteilungsleiter Herrn Lübtow einen Hinweis zu geben, wo wir waren. Rosinski zumindest muss Erfolg gehabt haben, denn er bat mich nach zwei Wochen noch einmal darum. Es schien, als ob dieser Umstand es meinem Vater und mir ermöglichte, vorerst zusammen bleiben zu können, denn wir wurden für den gleichen Transport bestimmt.

Mühlberg an der Elbe, „Spezlag Nummer 1", wie es die Sowjets nannten, befindet sich 40 Kilometer nördlich von Dresden. In den Jahren 1940 und 1941, als Hitler noch glaubte, die Welt erobern zu können, hatte er hier ein Kriegsgefangenenlager errichten lassen, das durch seine Größe und vor allem durch die Vielfalt der Nationalitäten der Gefangenen weltbekannt wurde. Zuerst kamen die Franzosen, dann die Engländer, die Sowjets und dann die Amerikaner. Tausende, Zehntausende, viele starben, alle mussten entsetzlich leiden. Die meisten der noch Lebenden flüchteten in den letzten Tagen des April 1945. Die deutsche Bewachung hatte ihre Posten verlassen, als die Amerikaner das Westufer der Elbe erreichten und die Sowjettruppen vom Osten heranmarschierten. Dieses Lager war genau das Richtige für das NKWD, um die überfüllten Gefängnisse zu entlasten. Die Sowjets brauchten hier nur wenig Bewachungspersonal. Sie fanden es unter den ehemaligen Spitzeln und Obmännern der Nazis, die, um ihre eigene Vergangenheit zu vertuschen, nur zu gerne bereit waren, wieder unschuldige Landsleute zu denunzieren. Massenverhaftungen waren an der Tagesordnung. Die Familien wurden zerrissen, Hab und Gut enteignet. Zu Tausenden starben die Verhafteten in Gefängnissen und Lagern der sowjetisch besetzten Zone oder wurden als Arbeitssklaven nach Russland und Sibirien verschleppt. Ihre Existenz wurde verleugnet und bis heute, so viele Jahre danach, wurden sie nicht rehabilitiert. Häftlinge aus aller Welt, jung und alt, arm und reich, wurden hier zusammengepfercht. Jeder, der in Mühlberg war, ist ein Teil der Kriegs- oder Nachkriegsgeschichte. Jeder der Wenigen, die es überlebt haben, hätte ein Buch darüber schreiben können. Die Meisten haben es still hingenommen. Unser Schicksal war eins und wird es bleiben.

Es war am Morgen des 31. August 1946, als der Bus sich durch die Straßen Dresdens schlängelte. Dresden war nur noch ein Trümmerfeld. Hin und wieder musste der Bus zurückstoßen, um den Schutt auf der Straße zu umfahren. Es war fast so, als wollte er nie ankommen. „Wohin fahren Sie uns?", fragte ein Häftling den Fahrer. „Mühlberg", war die mürrische Antwort. Selbst diese kurze Auskunft war dem Posten zuviel. Nach einigen unverständlichen russischen Flüchen donnerte er: „Nicht sprechen!" Den meisten der 40 bis 50 Häftlinge im Bus war Mühlberg kein Begriff. Für mich jedoch klang Mühlberg noch ganz beruhigend. Von meiner Tätigkeit als Karteiführer im Gefängnis wusste ich, dass die noch zu bestrafenden Häftlinge nach Bautzen gebracht wurden. Diejenigen jedoch, mit denen man vorerst nichts anzufangen wusste, kamen nach Mühlberg. Mühlberg, was erwartete uns? War es die Zwischenstation auf dem Weg nach Osten oder war es die letzte Station vor der Freiheit, vor der Entlassung? Nichts als Ungewissheit, sie war Teil des Systems. Es blieb nur Durchhalten und Hoffen. Die Fahrt ging über Riesa nach Burxdorf. Etwa zwei Kilometer vor Mühlberg erreichten wir das Tor des Lagers. Unsere wenigen persönlichen Dinge, Löffel und Schüsseln, mussten wir hier zurücklassen. Auf Befehl traten wir in Reihe an, dann trieb man uns im Gänsemarsch an einem Offizier vorbei. Einer nach dem anderen musste Name, Geburtsdatum und Geburtsort nennen. Polfuntikow, stellvertretender Lagerkommandant, musterte jeden Häftling von Kopf bis Fuß. Litwinow, politischer Offizier, prüfte die Liste der Neuankömmlinge und hakte unsere Namen ab. „John Noble, September 1923, Detroit, Michigan, USA!" sagte ich schnell und wollte sogleich meinen Protest anschließen, da ich amerikanischer Staatsbürger war. Mit der Aufforderung: „Dawai! Komm schon, schnell!", verpasste mir der Posten einen Rippenstoß und ich dachte, vielleicht später. Als wir alle das Tor hinter uns hatten, marschierten wir die Lagerstraße entlang durch Zone 1, 2 und 3. Tausende von Augenpaaren waren auf uns gerichtet. Jeder hoffte, einen Bekannten zu sehen, um vielleicht eine Nachricht von Zuhause zu erhalten. Walter Haller und sein Stellvertreter Fickert, die deutschen Lagerleiter, standen schon an der Baracke 32, um uns zu empfangen. Sie waren selbst Häftlinge. Fickert machte einen freundlichen Eindruck. Er war noch jung, sehr groß und ich hatte das Gefühl, mit ihm reden zu können. Haller, na ja, man wusste nicht recht. Doch, vielleicht täuschte der erste Eindruck. Oft hing das eigene Leben von einem Häftling ab. Haller las die Lagerordnung vor und machte klar, dass es nur einen Weg gab, das Lager zu überleben, nämlich allen sowjetischen Anordnungen Folge zu leisten und das Maul zu halten.

Baracke 32 war eine Art Quarantänestation. Von dort sollten wir nach einigen Tagen in unsere ständigen Quartiere kommen. Zur Zeit waren etwa 16.000 Häftlinge über die sechs Zonen verteilt, Zone 1 für die ständig Arbeitenden, Zone 2 für die gelegentlich Arbeitenden, Zone 3 für Nichtarbeiter, Zone 4 Quarantäne, Küche und Lagerleitung, Zone 5 für die Sterbenden, Zone 6 für Kranke und das Frauenlager. Es war mir sofort klar, dass ich in Zone 1 kommen muss. Je höher die Nummer der Zone desto niedriger die Überlebenschance. Ich musste in Zone 1! Nach ein paar Tagen kamen wir aus der Quarantäne, John Noble und Charles Noble, Baracke 10, das war Zone 3. Viele aus unserem Transport wurden in Zone 5 gelegt. Sie waren sehr schwach und hatten wohl den Kampf ums Überleben aufgegeben. Durch meine Arbeit im Gefängnis waren mein Vater und ich körperlich etwas besser dran. Von insgesamt 16.000 Häftlingen waren etwa 100 gesund, weitere 100 befanden sich in einem Grenzzustand, während alle anderen dem Tod näher waren als dem Leben.

Eines Tages zog ein Häftling meinen Vater am Arm zu sich. „Dein Bruder Heinz ist hier, er liegt in Zone 5. Er will dich wissen lassen, dass es ihm nicht gut geht." Mein Vater war schockiert. Er brach ihn Tränen aus, als er mir davon berichtete. Es gab keine Chance, zu ihm zu gelangen. Kurze Zeit darauf war Onkel Heinz verhungert. Meinem Vater gelang es, sich in das Beerdigungskommando zu schmuggeln, so dass er ihn noch einmal sehen konnte. Bevor man die Toten vergrub, stach ein Posten mit seinem Bajonett in den Bauch, um des Todes sicher zu sein. Das war noch einmal ein besonders schmerzhafter Moment für meinen Vater.

Das Lagerleben war mit dem Leben im Gefängnis nicht zu vergleichen. Man fühlte sich wie ein Tier, das aus seinem engen Käfig befreit worden war und sich nun in einem begrenzten Teil des Freigeheges bewegen durfte. Ich konnte endlich wieder reine Luft atmen, frischen Wind spüren, die Sonne sehen und von ihr gewärmt werden. Man konnte das wenige Gras anfassen, die Bäume bewundern und mit Menschen sprechen, ohne dass ein Posten bei jedem Wort mithörte. Bald stellte sich heraus, dass auch hier im Lager eine lebensbejahende Grundeinstellung von größter Bedeutung war. Die Geistlichen der verschiedensten Konfessionen hatten hier ein so großes Betätigungsfeld, wie sie es sich niemals hätten vorstellen können. Ein Häftling, der nie zuvor auf Gott vertraute und sich jetzt einer teuflischen Macht gegenüber sah, war offen für das Wort Gottes. Einige der Geistlichen jedoch fühlten sich in dieser für sie so schweren Zeit von Gott verlassen. Gläubige, die durch die Haft und die erlittenen Demütigungen ihr Vertrauen in Gott verloren hatten, waren haltlos und hatten aufgegeben.

Die Ärzte, die von Haus aus ein großes medizinisches Wissen mitbrachten, waren hier in höchstem Maße gefordert, auch ohne Medikamente und ohne jede medizinische Ausrüstung zu heilen. Sie taten das mit vollem Einsatz ihres Könnens und mit ganzem Herzen. Im Lager gab es keine Titel, keine Diplome, keine Fassaden, hinter denen man sich verstecken konnte. Der Mensch wurde durchsichtig. Das Gute wie das Böse kam zum Vorschein. Obwohl die Hilfe untereinander groß war, starben Tausende den Hungertod. Über 8.000 Häftlinge wurden durch die Beerdigungskommandos in Massengräbern dicht nebeneinander und übereinander verscharrt. Jeden Morgen und jeden Abend mussten wir zum Appell antreten und uns durchzählen. Wenn die Zahl nicht stimmte, konnte es oft Stunden dauern, bis die richtige Nummer am Ende herauskam. Nur in Zone 5 gab es keinen Zahlenappell. Posten gingen durch die Baracke, um die Zahl der Lebenden zu ermitteln. Aufgrund der Abendappelle wurden am nächsten Tag die Rationen verteilt. Jeder versuchte, seinen Nachbarn auf der Pritsche bis nach dem Appell am Leben zu halten. Man legte seinem bereits toten Nachbarn einen warmen Backstein an die Füße. Da der Posten nur den großen Zeh anfasste, um zu fühlen, ob er noch warm war, wurde er als Lebender mitgezählt. Manchmal gelang dieses Täuschungsmanöver über mehrere Tage. Das nun zusätzlich vorhandene Brot wurde miteinander geteilt. Die meisten der Verhungernden starben ohne große Schmerzen im Schlaf. Für viele war der Tod eine Erlösung.

Die fehlende körperliche Hygiene führte zu schweren gesundheitlichen Problemen. Die Jahre ohne Waschen, ohne Bad, ohne Toilettenpapier hinterließen bei vielen Häftlingen schwere Geschwüre, Hauterkrankungen und Ekzeme. Ein probates Mittel und dazu noch zugänglich war Urin. Des öfteren sah ich einen Häftling mit nacktem Oberkörper hinter der Latrine stehen und sich mit dem Urin der anderen die Geschwüre „waschen". Ich war von dieser Behandlungsmethode wenig überzeugt, blieb aber auch glücklicherweise von diesem Problem verschont. Die Frauen hatten noch zusätzliche Leiden zu ertragen. Um ihre schwierigen Tage im Monat zu überstehen, suchten sie Stoffreste und alte Lappen zusammen und flochten sich daraus eine Art Zöpfe.

Es war am Weihnachtsabend 1946. Einer der Köche in Zone 4 wollte meinem Vater und mir etwas Gutes tun und uns zusätzliches Brot zukommen lassen. Er hatte uns diese Sonderration fest zugesagt. Wir warteten den ganzen Abend. Der Magen hatte sich irgendwie auf dieses zusätzliche Mal vorbereitet, doch nichts geschah. Die Hungerschmerzen wurden größer und ich konnte die Enttäuschung im Gesicht meines Vaters sehen. Ich musste etwas tun, aber was? Es war streng verboten, von einer Zone in die andere zu gehen. Ich wartete, bis die Dunkelheit einsetzte. Ohne etwas zu sagen, schlich ich mich in Zone 4 und dann rasch über die Straße zur Küche 2. Mir war nicht geheuer. Sollte ich entdeckt werden, drohte der Karzer. Das konnte den Tod bedeuten. Es gelang mir, an den Posten vorbeizukommen. Doch den Koch entdeckte ich nirgends. Ich musste mit leeren Händen zurück. Plötzlich gingen Lichter an. Die Straße war hell erleuchtet. Sie jetzt zu überqueren, ohne gesehen zu werden, schien unmöglich. Aber ich musste es wagen. Nun wurden auch noch Kerzen an einem kleinen Weihnachtsbaum vor dem Lagerlei-

tungsgebäude angezündet. Hätte ich doch schon eher die Straße überquert, musste es so hell sein? Plötzlich hörte ich Schritte, viele Schritte! Ich duckte mich, dicht an die Küchenwand gedrängt und hielt den Atem an. Die Schritte kamen näher. Schemenhaft waren Männer zu erkennen. 73 Träger, die 72 Leichen trugen, begleitet von russischem Wachpersonal. Die 72 Menschen hatten sich am Vorabend zu Weihnachten ein letztes Mal zum schlafen niedergelegt. Nun wurden sie zum Massengrab getragen. 72 unschuldige Menschen, in den meisten Fällen inhaftiert durch Denunzianten, hatten sie die Hoffnungslosigkeit und den Kummer über ihr Elend nicht mehr ertragen. Die Tatsache, Weihnachten ohne ihre Angehörigen verbringen zu müssen, hatte ihnen die letzte Kraft geraubt. Ihre Nachtruhe war das Niederlegen zum Sterben. Atemlos, wie versteinert, stand ich und wartete lange noch, nachdem dieser gespenstige Zug der Toten vorüber gezogen war. Ich fragte mich, wie kann die Welt zu Weihnachten Lieder singen, wie „Oh, du fröhliche, oh, du selige, gnadenbringende Weihnachtszeit“, während hier, im Hinterland des Teufels, Rechtlosigkeit, Gewalt und Tod herrschten! Ohne Brot und wortlos kam ich in die Baracke zurück, die Enttäuschung meines Vaters war zu groß. Da erinnerte ich mich, auf dem Weg ins Lagertheater einige alte Pferdeställe mit Futterresten gesehen zu haben. Der brennende Wunsch, meinem Vater zu helfen, ließ mich noch einmal bis Zone 1 zu diesen Pferdeställen schleichen. Ich griff einige Hände Pferdefutter und kam in der Dunkelheit unbeschadet zurück. Für meinen Vater und mich gab es ein herrliches Weihnachtsmahl.
Kurze Zeit später wurde ich in Zone 4 verlegt. Quarantäne und damit Vorbereitung für die sogenannten „Pelzmützentransporte“. Ich war also zusammen mit etwa 1.200 anderen Häftlingen für den Transport nach Russland vorgesehen. Und wieder war ich allein und hatte Angst.

Jedes Mal, wenn ein neuer Offizier ins Lager kam, fragte ich mich, ist er Freund oder Feind? Ein neutrales Gesicht gab es für mich nicht. Doch Noraschanow war nicht zu durchschauen. Er war Mongole und lächelte immer. Man hatte ihn als ersten politischen Offizier eingesetzt. Er ging mit kleinen femininen Schritten, er war einfach anders. Er befasste sich mit den Akten der Häftlinge und schien sehr großen Einfluss zu haben. Kurz vor Jahresende rief er meinen Vater zu sich: „Sie sind Amerikaner, Sie sollten nicht in diesem Lager sein“, erklärte er ihm. „Möchten Sie gern mit ihrer Familie in Verbindung treten?“ „Oh ja, selbstverständlich. Mein Sohn John ist hier, aber mit meiner Frau und meinem Sohn Georg habe ich seit meiner Verhaftung keinen Kontakt.“ „Ich werde Sie

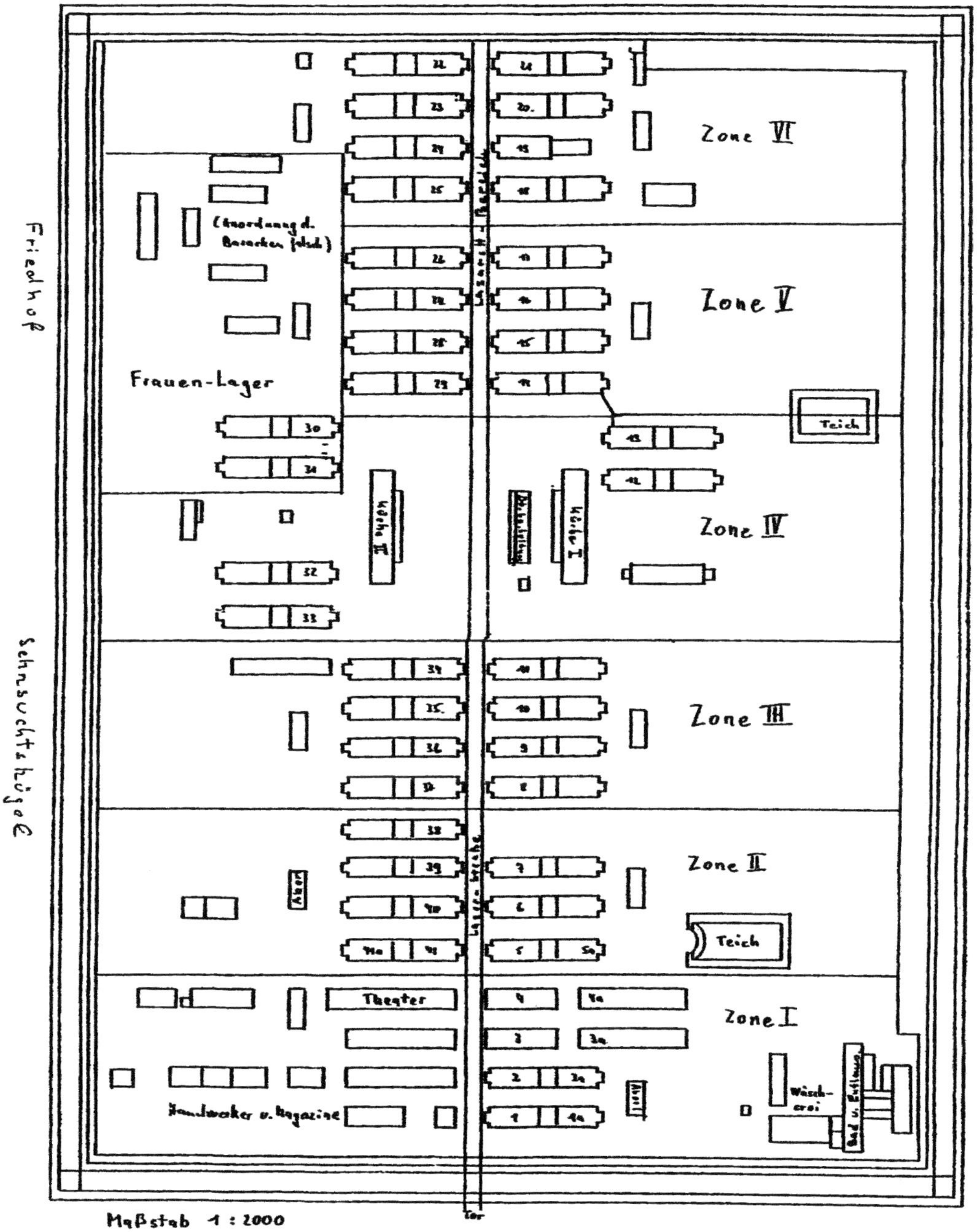
Friedhof
Sehnsuchtshügel
Zone VI
Zone V
Zone IV
Zone III
Zone II
Zone I
Frauen-Lager
(Anordnung d. Baracken falsch)
Teich
Teich
Theater
Handwerker u. Magazine
Wäscherei
Bad u. Entlausung
Tor
Maßstab 1 : 2000

rufen lassen, damit Sie schreiben können.", sagte der Mongole lächelnd. „Mein Sohn John ist in Baracke 32 in Quarantäne gekommen, um nach Russland verschleppt zu werden.", erklärte mein Vater. „Nein, nach Russland soll Ihr Sohn nicht gehen, er sollte auch nicht in diesem Lager sein."

1.200 der noch etwas kräftigeren Häftlinge lagen in den Baracken 30 bis 34 und wurden von Dr. Katz auf Transport- und Arbeitsfähigkeit untersucht. 800 blieben für den Transport bestimmt, 400 waren dazu nicht mehr in der Lage. Ich gehörte zu den 800 und erhielt Russlandkleidung. Es war nach zwei Jahren das erste Mal, dass ich meine Kleidung wechseln konnte. Dann sollten wir kahl geschoren werden. Das nun war für mich zuviel. Wenn ich sowieso nicht nach Russland ging, wie Noraschanow meinem Vater versprochen hatte und vielleicht nicht einmal im Lager bleiben musste, dann lasse ich mir den Kopf nicht rasieren! Endlich kam der Befehl von Noraschanow, mich aus der Quarantäne zu nehmen. Als einer der wenigen Gesunden blieb ich am 7. Februar 1947 vom Russlandtransport verschont. Inzwischen wurden alle Stellen, die die nun abtransportierten Häftlinge inne gehabt hatten, wieder neu besetzt. Der Einsatz in Küche, Bäckerei und auch im Verpflegungslager galt als Überlebenschance. Ich musste dorthin. Für die ausgehungerten Körper bestand dann jedoch die Gefahr, durch plötzliches, im Vergleich zu vorher reichliches Essen, Durchfall zu bekommen und zu sterben. Siegfried Hutka, ein Tscheche, ermöglichte mir, im Verpflegungslager einen Arbeitsplatz zu bekommen. „Du darfst nichts essen, wenn du überleben willst. Einige Tage musst du mit übermenschlicher Disziplin fasten und dann ganz langsam anfangen. Du schaffst es!" Dieser Rat hat mir das Leben gerettet. Ich schaffte es. Die Arbeit im Verpflegungslager war schwer. Sie verlangte Kraft und äußerste Disziplin. Wir mussten Zentnersäcke verladen und durften uns nicht an den Lebensmitteln vergreifen. Das wurde streng bestraft. Alle, gleich ob Arbeitender, Sterbender oder Kranker, alle bekamen die gleiche Ration. Sie bestand aus Brot, Gerstensuppe, gelegentlich Kartoffeln oder Rüben und Pulpe, einem Nebenprodukt aus der Kartoffelverarbeitung. Wir waren zehn Mann im Verpflegungslager und saßen an der Quelle. Es platzten Säcke oder sie wurden zum Platzen gebracht. Den Inhalt fegten wir auf und suchten uns am Abend in unserer Baracke das Verwertbare heraus. Unseren Freunden, die nicht in einer so günstigen Position waren und für die wir uns verantwortlich fühlten, sammelten wir Abfälle. So warteten sie jeden Abend auf uns. Den Russen selbst standen alle nur erdenklichen Lebensmittel zur Verfügung. Auch der berühmte Machorka wurde geliefert. Der Talg, der aus der Seifenproduktion während des Krieges gewonnen wurde und übrig geblieben war, war gelegentlich in unserer Rübensuppe zu finden. Man war für alles dankbar, denn die jahrelange Mangelernährung ließ täglich Tote zurück. Die Häftlinge, die die Jauchewagen hinauszogen, konnten ab und zu ein Paket mit Lebensmitteln verstecken, das Angehörige den Bauern zugesteckt hatten. Es wurde im Jauchewagen zurückgeschmuggelt. Keiner hat die Transportmethoden jemals beanstandet.

Es war Großreinigungstag im Verpflegungslager. Als ich das Proviantlager der Russen reinigte, kam ein Päckchen Machorka, ein billiger Tabak, beim Fegen unter einem Regal zum Vorschein. „Wer weiß, wie lange es schon hier liegt?", dachte ich bei mir und steckte es schnell in meine Hosentasche. Keiner hatte etwas bemerkt. Ich selbst hatte nie geraucht und verabscheute den Gestank. Wieder in unserer Baracke, machte ich neun Häufchen, denn alle anderen in meiner Gruppe waren Raucher. In wenigen Minuten war die seltene Beute restlos verpufft. Am nächsten Morgen stellte uns unser Natschalnik, unser Vorgesetzter, zur Rede: „Wer hat den Machorka genommen?" Meine Mithäftlinge gestikulierten mir unbemerkt, zu schweigen. „Wenn keiner etwas sagen will, gibt es heute keine Arbeit." Mit diesen Worten wurden wir in unsere Baracke entlassen. Keine Arbeit bedeutete, kein zusätzliches Essen für uns und unsere Freunde. Der folgende Tag verlief ebenso.
Drei Tage vergingen. Hungergefühle machten sich breit. Ich fühlte mich so unwohl und verantwortlich, hatte aber auf der anderen Seite unglaubliche Angst vor den russischen Strafmaßnahmen. Der Offizier saß vor dem Verpflegungslager, als ich es nicht mehr aushielt, zu ihm ging und meinen ganzen Mut zusammen nahm: „Natschalnik, ich habe den Tabak genommen, aber ich kann ihn nicht ersetzen, er ist verpufft." Er schaute mich prüfend an: „Ich habe es mir gedacht." Erleichtert ging ich zur Baracke zurück, sagte den anderen aber kein Wort. Am nächsten Morgen traten wir wie immer zur Arbeit an. Der Raum des Verpflegungslagers war durch einen breiten weißen Kreidestreifen auf dem Boden getrennt. Ein Drittel Proviantlager für die Russen und zwei Drittel für die Häftlingsverpflegung. „Ich will keinen von euch auf dieser Seite des Striches sehen!", drohte der Natschalnik und zeigte auf das Drittel. Er fuhr fort: „Doch einer muss auch hier alles sauber halten." Er schaute jeden Einzelnen gründlich an. „Noble, du bist verantwortlich für die Sauberkeit hier, wo die kostbaren Waren liegen!" Die anderen wurden zum schwereren Teil der Arbeit abkommandiert. Ich war allein mit dem Natschalnik. Er begann, an einem Block Butter herumzuschnipseln und brüllte mich an: „Ich habe dir be-

fohlen, diesen Teil sauber zu halten, schau dir diesen Butterblock an!" Er meinte, nimm dir die Butterschnipsel. Dann war da die große Kelle im Marmeladenfass, die ebenfalls gereinigt werden sollte. Es gab auch unter den Russen mitfühlende Menschen.

Es war im Sommer 1947, als das ganze Lager förmlich auflebte. Alle waren auf den Beinen, als die Überlebenden von Jamlitsch und Ketschendorf im Lager Mühlberg ankamen. Es waren etwa 2.000 Neuankömmlinge, vorwiegend Frauen, junge Frauen.
Helmut Vietor, Gottfried Gühlicher, Ehrentraud Specht, Eva Robinson, die Französinnen Ramon und Simone und viele andere waren darunter. Sie hatten an ihrer Kleidung Abzeichen ihrer Nationalität. Damit sie nicht gezwungen wurden, diese Zeichen abzunehmen, brachten auch wir unsere Nationalfarben an. Jetzt wurde die Vielfalt der Nationalitäten im Lager sichtbar und es verlieh jedem Einzelnen einen gewissen Stolz.
Unter den Häftlingen in Zone 1 war ein Zahnarzt, den man für das gesamte Lager einsetzte. Viel konnte er ohne Instrumente nicht ausrichten, seine Tätigkeit beschränkte sich gezwungenermaßen auf leichte Eingriffe, Ratschläge und das Ziehen von schmerzenden Zähnen. Unsere Zahnpflege bestand fast ausschließlich aus einem Reiben der Zähne mit einem feuchten Lappen. Kitti Faith, eine junge Frau aus Belgien, saß eines Tages beim Zahnarzt am Fenster des Wartezimmers. Der Posten patrouillierte vor der Tür, aber das Fenster stand offen. Ich hatte schon so lange nicht mehr mit einer Frau gesprochen, dass ich es wagen wollte, sie anzusprechen. Die Posten auf den Türmen hätten dies jedoch einsehen können und es sofort gemeldet, wenn verbotenerweise ein Mann mit einer Frau sprach. So ging ich vorbei, grüßte sie und fragte nach ihrem Namen. Auf dem Rückweg antwortete sie mir. Das wiederholte sich etwa acht bis zehnmal. Zeit genug, um ein wenig voneinander zu erfahren. Als sie hörte, dass ich im Verpflegungslager arbeitete, bat sie mich, doch etwas für sie zu tun. Ich konnte nicht ablehnen und versprach, etwas für sie beim Zahnarzt zu hinterlegen. Sie könne es beim nächsten Arztbesuch abholen. Es gab kein nächstes Mal. Sie wurde in den Außenkarzer gesperrt und ist nie wieder gesehen worden.
Mir wurde bange, könnte sie etwas im Frauenlager erzählt haben und aus Neid verraten worden sein? Ich sah mich bereits ebenfalls im Karzer. Einige Tage später erhielt ich einen kleinen Zettel, der schon durch viele Hände gegangen sein musste, bevor er bei mir ankam. Ich erkannte die Handschrift einer Frau. Der Text lautete: „Ich bin eine Freundin von Kitti. Wenn sie etwas für Kitti tun wollen, lassen sie es mir zugehen und ich werde es weiterleiten." Die Unterschrift war fast unleserlich und meine Angst war zu

groß, auf diesen Zettel zu antworten. Jedoch zerriss ich ihn nicht, sondern versteckte ihn unter einem Ziegelstein in der Baracke. Wochen später, an einem Montag, als die Frauen wie üblich zum Bad von Zone 6 in Zone 1 geführt wurden, fiel fast jedem eine Frau besonders auf. Etwa zehntausend Männer, die am Stacheldraht hingen, hielten den Atem an, als sie vorbeiging. Sie war außergewöhnlich attraktiv, sie musste auffallen. Mein Vater, Helmut Vietor und ich machten unsere täglichen Runden, als sie in einer Gruppe von 20 Frauen an uns vorbeimarschierte. Da sie aus dem Lager Jamlitsch kam, fragte ich Helmut, wer sie sei. Er kannte sie. Sie hieß Ehrentraud Specht. Als ich diesen Namen hörte, ging ich sofort zu dem Ziegelstein, holte den Zettel hervor und in der Tat, die Unterschrift war „E. Specht". Hier waren Tausende von Männern, die sie anstarrten und ich hatte einen Zettel von ihr. Jetzt lohnte es sich, das Leben zu riskieren, um zu einer so aparten Frau Verbindung aufzunehmen. Wir lernten einander recht gut kennen, wenn es sich auch nur auf den Austausch von kleinen Zetteln beschränkte. Ehrentraud Specht verlor ihre Eltern sehr früh und wurde zu einem Onkel in die USA geschickt. Dort ging sie mehrere Jahre zur Schule, bevor sie nach Brasilien zu ihrem anderen Onkel kam. Sie sprach 17 Sprachen. Nach dem Krieg war sie Dolmetscherin im Nürnberger Prozess und später Dolmetscherin für den englischen Kommandanten in Westberlin. Sie wurde in Westberlin von den Sowjets verhaftet und ins Lager geworfen, ohne Anklage, ohne Urteil, ohne Schuld und wie ich, von den Russen verleugnet.

Am 16. November 1947 bekam ich starke Schmerzen und musste in die Sanitätsbaracke. Nach gründlicher Untersuchung bestand Dr. Eufinger, ehemaliger Leibarzt Hermann Görings, darauf, sofort zu operieren, Blinddarmentzündung. Zum Glück war etwas Narkosemittel vorhanden, denn die Frau eines russischen Offiziers erwartete ein Kind und ein Kaiserschnitt stand bevor. Auch die Russen bevorzugten die Häftlingsärzte, denn ihre eigenen hatten keine so gute Ausbildung. Instrumente gab es nicht. Ein Spiegel an der Decke sollte das Licht der nackten Glühlampe verdoppeln. Der Operationstisch war einst ein Küchentisch und konnte leichter sauber gehalten werden, als andere, denn Desinfektionsmittel gab es auch nicht. Aus den einfachsten Materialien wurden komplizierte Instrumente von Häftlingen hergestellt, um anderen zu helfen.
Ein Glasbläser aus Böhmen, der früher Weihnachtsornamente hergestellt hatte, blies nach Anleitung der Ärzte eine künstliche Niere, die einem Häftling das Leben rettete. Ich wusste, dass ich in guten Händen war, wusste aber auch, dass trotz aller Vorsicht und Gründlichkeit bis jetzt alle Operationen intensive Nachbehandlungen nötig gemacht

hatten. Während des verhältnismäßig einfachen Eingriffs ließ die Betäubung nach. Nach der Operation packte man mir ein halbes Dutzend Sandsäcke auf meinen Leib, so dass ich mich nicht rühren konnte. Fünf Tage sollte ich so liegen.
Nach drei Tagen geschah etwas Überraschendes. „Wir haben heute eine neue Krankenschwester für dich!“, flüsterte mir der Arzt zu. Unter den Sandsäcken war es mir an sich völlig egal wer Dienst hatte, bis ich sah, dass es Ehrentraud Specht war. Sie hatte sich als Schwester ausgegeben, um mir ein paar Stunden zur Seite zu stehen. Immer waren es die Frauen, die Unmögliches möglich machten.

Der nächste Besuch war weniger erfreulich. Operiert wurde ich am 16. November, heute war der 23. November. Ich sollte gerade das Krankenbett verlassen, als man mich auf Anordnung des Mongolen Noraschanow in den Karzer warf. Ich konnte kaum Stehen, als die Tür des Karzers ins Schloss fiel. Die Zelle war knapp zwei Meter lang und etwa einen Meter breit. Die Wände waren schneeweiß, so reflektierte das Licht der großen Lampe hundertfach. Ein kleines Fenster, man hätte gerade den Kopf hindurch stecken können, war die Öffnung für Luft und Tageslicht. In der rechten Wand, die linke meines Nachbarn, hatte man einen Ofen eingebaut, der tagsüber eine unerträgliche Hitze erzeugte. Enge, Hunger, Durst waren nichts gegen diese wahnsinnige Hitze. Hätte ich die heiße Wand angespuckt, es hätte gezischt. Mittags wurde das Feuer herausgenommen und die Zelle kühlte schnell aus, so dass ich nachts zitternd vor Kälte auf der Pritsche lag. 23 Tage und 23 Nächte lag ich in dieser Zelle mit ewigem grellen Licht und dem ständigen Wechsel zwischen heiß und kalt.

Es war ein bitterkalter Winter im November 1947. Ich sollte den Verstand verlieren, mein Kreislauf sollte zusammenbrechen. Noraschanow wollte mich eines „natürlichen Todes“ sterben lassen. Warum? Warum hatte man mich in den Karzer geworfen? Wessen beschuldigte man mich? Hatte man von der Korrespondenz zwischen Ehrentraud Specht und mir etwas erfahren? Im Gefängnis waren Unmenschlichkeiten an der Tagesordnung, um Geständnisse zu erpressen. Doch hier im Lager war das unüblich. Noraschanow musste eine bestimmte Absicht verfolgen. Als ich endlich nach 23 Tagen den Karzer verlassen durfte, konnte ich kaum laufen. Mein rechtes Knie war zu einem großen Kürbis angeschwollen. Ich wurde Noraschanow vorgeführt. Sichtlich überrascht, dass ich noch lebte, fragte er, während er mein Knie prüfend betrachtete: „Wann hast du das letzte Mal Verbindung mit deiner Familie gehabt?“ „Seit meiner Verhaftung nie. Sie haben meinem Vater versprochen, uns Gelegenheit zum Schreiben zu geben, doch Sie haben es nicht gehalten." „Wann warst du zuletzt in Burxdorf?" „Nie, ich weiß nicht einmal, wo das liegt.", antwortete ich. „Geh in deine Baracke!", befahl er barsch. Offensichtlich beeindruckte es ihn, dass ich noch bei Sinnen war. Er konnte nicht wissen, dass mir der Natschalnik aus dem Verpflegungslager unerlaubt Essen gebracht hatte. Vorerst kam ich jedoch ins Lazarett, in dem ich weitere 24 Tage behandelt werden musste.

Wochen später ging es für unsere Baracke wieder einmal ins Theater. Oberst Saisikow, der Kommandant des Lagers Mühlberg, war ein fanatischer Freund der Musik und des Theaters. Zweimal in der Woche ordnete er Aufführungen an, gleich, ob Operette, Drama, Komödie oder Musikstück, an denen er ausnahmslos teilnahm. Die Häftlinge wurden barackenweise zur Vorstellung befohlen. Alle, die im Theater mitspielten, gaben sich größte Mühe, um ihren Mithäftlingen eine kurze Freude zu bereiten und einen Moment Hoffnung zu geben. Dabei entwickelten sie ein beträchtliches schauspielerisches Talent. Die noch relativ Gesunden konnten einen Augenblick Ablenkung erfahren, aber makaber war der Anblick der Sterbenden vor einer polternden Kulisse. Sie konnten sich kaum auf den Bänken halten. Ich hatte den Eindruck, die ganze Welt spielt Theater mit dem Schicksal der Menschheit.
Die Vorstellung war beendet. Auf dem Weg in meine Baracke, kam der Automechaniker an meine Seite: „Weißt du, warum du im Karzer warst?" „Keine Ahnung, weißt du was?" Ich sah ihn fragend an, er schaute stumm vor sich hin, als ob er verpflichtet wäre zu schweigen, aber es mich dennoch wissen lassen wollte. So war es auch. Er hatte beim Reinigen eines Autos einen Brief gefunden. Eine amerikanische Briefmarke klebte auf dem Umschlag und die Namen John und Charles Noble über dem Namen von Oberst Saisikow, Mühlberg, waren klar zu lesen. Den amerikanischen Absender konnte er nicht entziffern, weil der Offizier ihm den Brief sofort aus den Händen riss und ihm Stillschweigen befahl. Wer der Absender war, habe ich nie erfahren. Ob dieser Brief die Ursache meiner Strafzeit im Karzer war? Ich hatte keine Ahnung.
Nachdem ich wieder im Verpflegungslager arbeitete, fiel mir auf, dass Ehrentraud Specht fast täglich zu Noraschanow gerufen wurde. Natürlich brodelte die Gerüchteküche. Geheimnisse, Verhör, ein Verhältnis, was wirklich war, wusste niemand.

Beziehungen zwischen männlichen und weiblichen Häftlingen waren strengstens verboten und doch waren sie unter äußerst schwierigen Bedingungen dann und wann möglich. Fast nie wurde darüber gesprochen, um Schwierigkeiten zu vermeiden. Hin und wieder waren die Folgen der Beziehungen nicht zu verheimlichen. So erging es einer jungen Französin, die durch einen Franzosen schwanger wurde. Hätte sie zugegeben, wer der Vater war, so wäre er im Karzer gelandet. Als Noraschanow sie zur Aussage zwingen wollte, weigerte sie sich, den Vater zu nennen. Nun hatte er sie in der Klemme. „Wenn es kein Franzose war, haben Sie ihre französische Staatsangehörigkeit verloren.“, sagte er kalt. „Nein, Sie können mir meine Staatsangehörigkeit nicht nehmen!“, flehte sie. „Wir können alles, wir sind die Sieger“, sagte Noraschanow mit seinem ewigen Lächeln. Gebrochenen Herzens ging sie zum Frauenlager zurück. Mit Hilfe einiger ihrer Mithäftlinge wurde das Kind abgetrieben. Nach wenigen Minuten der Erholung wickelte sie die Fehlgeburt in ein Tuch und meldete sich bei Noraschanow. Ohne zu warten, stürmte sie in sein Zimmer, schmiss das blutige Paketchen auf den Schreibtisch und verlangte ihre französische Staatsangehörigkeit zurück. Noraschanow hatte keine Macht, ihr die Staatsangehörigkeit zu nehmen, aber sie wollte sie um keinen Preis verlieren, wenn es auch beinahe ihr Leben gekostet hätte.

Ärzte und Chemiker taten ihr gemeinsames Wissen zusammen und experimentierten, um die schwere Zeit der Inhaftierung zu überstehen. In der Frisierstube wurden die Haare für die Chemiker gesammelt. Diese wurden gekocht und gepresst, bis eine milchartige, stark eiweißhaltige Masse entstand, die man als Protein den Bedürftigen gab. Auch den Kiefernnadeln wurde der Saft entzogen und zu Vitaminpillen verarbeitet. Essbare Gräser und Kräuter waren nicht mehr vorhanden, jegliches Verwertbare war von den Häftlingen längst gegessen worden. Vor allem die Möglichkeiten der Selbstheilung waren im Gespräch. Jeder gab seine Erfahrungen weiter. Als ich aus dem Karzer entlassen wurde und mein Knie wie ein großer Kürbis aussah, war mir bewusst, dass ich unter Umständen mein Bein verlieren könnte, würde man es nicht behandeln. Ohne Instrumente und ohne Desinfektionsmittel war eine Operation zu gewagt. Man entschloss sich, die angestaute Flüssigkeit durch eine ungewöhnliche Methode aus dem Knie herauszuspülen. So wurde ein breiter Gummigurt oberhalb der Geschwulst angelegt, elastisch genug, um das Blut in die unteren Extremitäten fließen zu lassen, jedoch nicht wieder zurück. Um den gleichen Effekt zu erzeugen, legte man dann unterhalb des Knies einen zweiten Gummigurt an. Am ersten Tag wurden diese für eine volle Stunde angelegt, bevor beide Gummibänder zugleich wieder gelöst wurden. Das Blut schoss nach oben, das kranke Gewebe wurde dadurch intensiv durchblutet. Am zweiten Tag wurden die Gurte zwei Stunden, am dritten drei Stunden und so weiter angelegt, bis sie am 24sten Tag für 24 Stunden die Blutzirkulation unterbanden. Durch diese unkonventionelle Behandlung ging die Entzündung zurück und die Geschwulst verschwand. Es war das Beste, was die Ärzte unter diesen Umständen tun konnten.

Wer schon längere Zeit in Mühlberg war, musste glauben, dass es nur zwei Möglichkeiten gab, das Lager zu verlassen: Arbeitslager in Russland oder den Tod. Man hätte streiten können, was das bessere Los wäre, aber es gab noch eine dritte Möglichkeit, die Entlassung. Dieses Wort allein ließ das Herz höher schlagen. Aber oft machten sich die Sowjets einen makaberen Spaß aus unserer Hoffnung. Ein Posten oder ein Offizier ließ den Satz „Du gehst nach Hause!“, absichtlich fallen, obwohl sie wussten, dass dies nicht der Wahrheit entsprach. Die tiefe Enttäuschung nahm manchem Häftling den Lebensmut und brachte ihn um.
Im Lager Mühlberg wurden in drei Jahren insgesamt zweimal Häftlinge entlassen. Sie konnten es kaum fassen, als ihr Name aufgerufen wurde. Für einige von ihnen war diese Nachricht zuviel. Ihr Herz schockte. Sie brachen zusammen und starben. Ich entsinne mich, dass Dieter Nolte, Hasso von Poser und von Zitzewitz sich vor Freude umarmten, als sie auf der Liste der zu Entlassenden standen. „Was können wir für euch tun?“, fragten sie immer wieder. Es waren nur wenige Stunden bis zum Abschied. Die Erregung hatte ihren Höhepunkt erreicht. „Lasst meine Tante in Berlin wissen, dass mein Vater und ich hier sind. Bittet sie, eine kleine Notiz in eine Ostberliner Zeitung zu setzen, damit wir erfahren, wie es meiner Mutter und meinem Bruder geht. Sie soll den Verlust ihrer Handtasche melden. Je heller die Farbe, um so besser geht es ihnen. Schlüssel sind ein Zeichen von Geld und außerdem können wir dadurch erfahren, ob sie wirklich frei sind.“ Monate später fanden wir tatsächlich die Anzeige in einer alten Zeitung, die die Posten im Lager liegen gelassen hatten. Unsere Freunde waren frei und die Außenwelt wusste, dass wir noch am Leben waren. Es war ein Höhepunkt für Vater und für mich.

Zwei Jahre war ich nun schon in Mühlberg und die Zahl der Häftlinge war von 16.000 auf etwa 3.000 geschrumpft. Das Personal im Verpflegungslager war um die Hälfte gekürzt worden, eine Küche hatte man schon stillgelegt. Das Proviantlager wurde nicht mehr aufgefüllt. Entweder wollten sie uns alle verhungern lassen oder wir sollten abtransportiert werden. Eine Entlassung war unwahrscheinlich.

Am 20. September 1948 ging es los. Alle, bis auf 200, wurden in Marsch gesetzt. Mein Vater hatte schon so viel überstanden und jetzt ging es wieder in ein neues Lager, aber wohin?
Zwei Tage lebten wir in einem Viehwagon. Es war unerträglich, Gestank, Dreck, kaum Luft zum Atmen und kein Platz, sich trocken hinzulegen. Es gab nur ein Gutes: der Sonne nach fuhren wir in Richtung Westen. Schon als dieser Transport zusammengestellt wurde, bot sich ein völlig anderes Bild als bei den vorangegangenen Transporten. In die damaligen Transporte 46, 47 und 48 kamen nur die Kräftigsten und Gesündesten. Sie waren für die Arbeitslager in Russland vorgesehen. Jetzt, in diesem Transport, waren viele darunter, die sich kaum noch auf den Beinen halten konnten. Von Burxdorf nahm der Zug westliche Richtung. Die Güterwagons waren mit einer Art von Holzregalen zum Gefangenentransport umfunktioniert worden. Drei Tage waren wir unterwegs, als wir am 23. September 1948 in Buchenwald ankamen. Am nächsten Morgen wurden wir an den ehemaligen Verwaltungsbaracken der SS vorbeigetrieben, die jetzt die gleiche Funktion für das NKWD erfüllten. Als ich das Tor des Lagers Buchenwald mit der Aufschrift „Jedem das Seine" passierte, kochte ich vor Zorn über diesen Zynismus. Einer nach dem anderen musste an Dr. Katz vorbei, der mit einem Blick den Gesundheitszustand des jeweiligen Häftlings prüfte und damit über seine Überlebenschance entschied.

Vor uns stand Kapitän Noraschanow, der auch hier wieder als politischer Offizier auftrat. Kasimir neben ihm war ein Häftling. Er schien viel Autorität zu haben und gab Anweisungen, wer in welche Zone gelegt wurde. In jeder Zone befanden sich etwa zehn Baracken, die wiederum jede für sich mit Stacheldraht eingezäunt war. Mein Vater und ich blieben, Gott sei Dank, wieder zusammen. Am Fuße der Zone 1 bis 4 standen die Frauenbaracken. In diesen massiven Gebäuden hatten die Nazis ihre chemischen Experimente durchgeführt. Damals wurde Häftlingen, die drei Experimente überstehen sollten, versprochen, anschließend entlassen zu werden. Dahinter standen die sogenannten Judenbaracken, die vom NKWD nicht genutzt wurden. Südlich davon schlossen sich ebenfalls noch leerstehende Baracken an. Während des Krieges hielten die Deutschen hier ihre Kriegsgefangenen der Alliierten.
Bis auf den täglichen Appell kamen wir in den nächsten neun Monaten nicht aus der Enge der Baracke heraus. Kam der Posten nicht auf die richtige Häftlingszahl, konnte das allerdings Stunden dauern. Bei einem Gewicht von unter 100 Pfund, buchstäblich ein Skelett, war das eine Tortur. Mit unserem Transport stieg die Zahl der in Buchenwald

CAMP BUCHENWALD

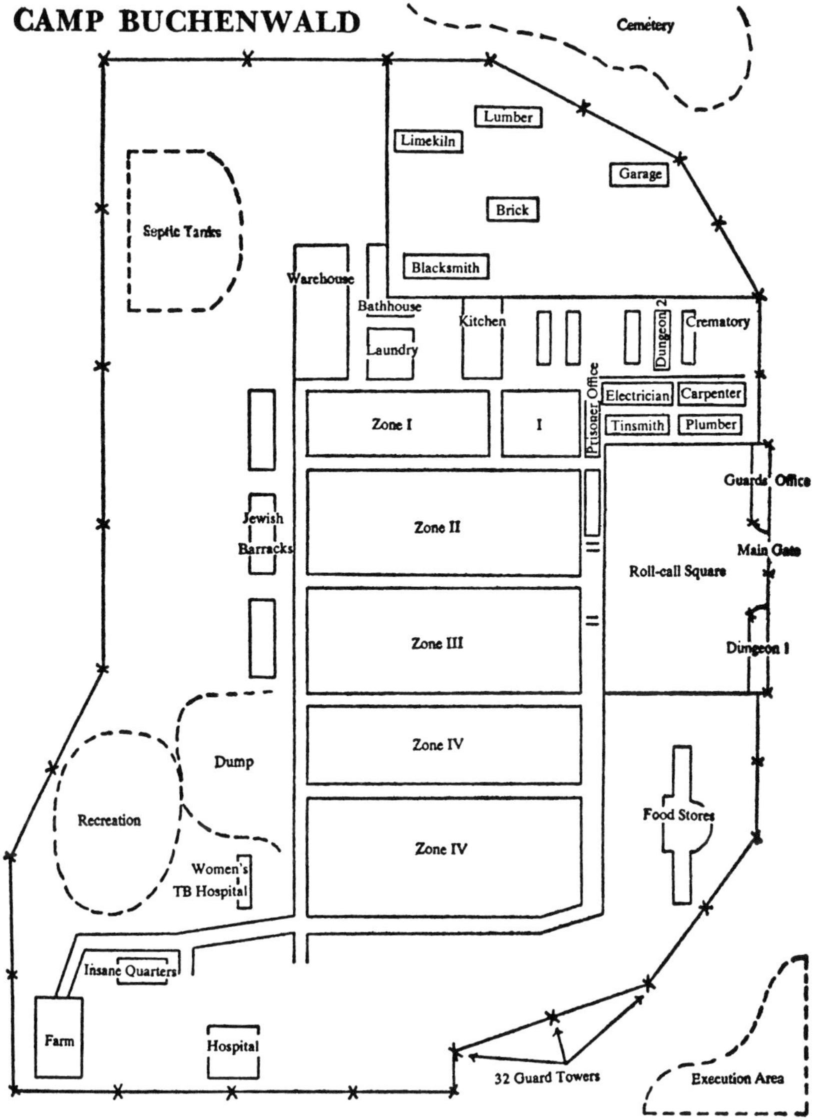

NOTE: The crematory and dungeon 2 were so used until 1945 only. The women's TB hospital was an official house of prostitution until 1945. The execution area was so used until 1945, and the cemetery from 1945 to 1950.

Inhaftierten wieder auf 14.000, die maximale Kapazität des Lagers betrug 41.000, so dass einige Baracken leer standen. In meiner Baracke waren drei Häftlinge, die schon vor 1945 in Buchenwald inhaftiert waren. Auf meine Frage, wie das möglich sein konnte, gab es eine klare Antwort: „Wer damals gegen das Regime war, wurde eingesperrt. Wer heute gegen das Regime ist, wird wieder eingesperrt."

Es war am Abend des Karfreitag 1949. Es wurde bekanntgegeben, dass aus jeder Baracke ein Häftling zum Ostergottesdienst gehen durfte. Bedingung war, dass diese Person von Kopf bis Fuß einwandfrei gekleidet sein sollte. Die Wahl innerhalb der Baracke fiel auf den, der schon die beste Kleidung trug und andere Häftlinge gaben noch ihr Bestes dazu. Leider fiel die Wahl weder auf meinen Vater noch auf mich. Am Ostersonntagmorgen wurden dazu noch weitere Anordnungen gegeben. Kein Häftling durfte die Baracke verlassen und keiner durfte bis zur Rückkehr des Auserwählten am Fenster stehen. Später wurde uns der Grund des betriebenen Aufwandes klar. Dibelius, der Bischof der evangelischen Kirche von Berlin-Brandenburg war gekommen. Er sollte den Eindruck erhalten, dass sich nur wenige Häftlinge in Buchenwald befanden und diese auch noch in guter, fast gepflegter Verfassung. Den Frauen händigte man sogar Lippenstift aus.

Wie immer hatte ich auch in Buchenwald um Arbeit gebeten. Kurze Zeit später teilte man mir tatsächlich einen Arbeitsplatz in der Müllabfuhr zu. Unsere Gruppe bestand aus sechs Häftlingen, ich konnte sogar meinen Vater noch mit unterbringen, so dass wir zusammen in Zone 1 verlegt wurden. Die Müllabfuhr war eine unserer Aufgaben, die Herstellung von Kies für die Wege gehörte ebenso dazu. Kiesherstellung bedeutete, große Flusssteine zu zerschlagen. Die Arbeit war körperlich schwer, sehr schwer, aber Bewegung zu haben und aus der Baracke herauszukommen war wichtig für die Gesunderhaltung von Geist und Seele. Der Wagen, den wir ziehen mussten, hatte zwei riesige Stahlräder und eine Ladefläche von etwa 3 bis 4 Quadratmetern. An der langen Deichsel befanden sich Lederriemen, die wir uns über die Schultern warfen, um den Wagen überhaupt ziehen zu können. Genau dieser Wagen ist heute noch in Buchenwald zu sehen. Es war das einzige Gefährt mit Rädern und wurde zu jedem Zweck eingesetzt, vom Transport der Verpflegung, der Müllabfuhr bis zum Leichentransport. Der Leiter unserer Gruppe kannte sich gut mit Steinen aus, so dass wir unter seiner Anleitung keine allzu große Mühe hatten, sie zu zerschlagen. Wenn allerdings die Posten zuschauten, hielten wir die Steine so, dass wir klopften und klopften und nichts geschah.

Offiziell bekamen wir für die Arbeit keine zusätzliche Ration. Die Müllabfuhr hatte jedoch etwas Gutes. Unser Weg führte zuerst zur Bäckerei. Dort beluden wir den Wagen mit Kübeln heißer Asche. Die nächste Station war die Küche. Das Küchenpersonal steckte uns einige Kartoffeln oder Rüben in den Abfall, die bis zum Müllabladeplatz in der heißen Asche gebacken waren. Selbst die geringste zusätzliche Nahrung war für uns von größter Bedeutung. Sie hielt uns am Leben.

Von den 14.000, die wir im September 1948 waren, hatten wir bis Januar 1950 ungefähr 10.000 beerdigt. Mein Vater und ich gehörten zu den 4.000, die übrig geblieben waren. Im Vergleich zu allem Bisherigen schien Buchenwald gespenstig, außer dem Tod geschah nichts. Es sah aus, als warteten die Russen auf das Ende der Letzten.

„Verhungert"

Doch im November 1949 schlugen unsere Herzen höher. Alle, die Schuhmacher- oder Schneiderfähigkeiten hatten, wurden zusammengerufen, um Kleider für die zu Entlassenden anzufertigen. In uns erwachte eine unglaubliche Hoffnung. Anfang Januar 1950 bekam jeder Häftling eine Nummer von 1 bis etwa 4.000, in alphabetischer Reihenfolge. Das Verpflegungslager wurde zum größten Teil geräumt und eine Art Quarantänestation darin eingerichtet.

Am 14. Januar wurde Nummer 1 bis Nummer 150 aufgerufen und in die Quarantäne verlegt. Dort kleidete man sie ein, verpflegte sie und setzte sie am 15. Januar vor das Tor. „Geht! Lauft!" Am selben Tag wurde Nummer 151 bis 300 aufgerufen, die dann in den Morgenstunden des 16. Januar entlassen wurden. Wiederum am selben Tag wurde Nummer 301 bis 449 und Ehrentraud Specht aufgerufen, um am 17. Januar entlassen zu werden. Der Häftling mit der Nummer 450 war äußerst aufgebracht: „Wieso die Specht an meiner Stelle?" Am nächsten Tag wurden die Häftlinge mit den Nummern 450 bis 600 in die Quarantäne verlegt, aber nicht eingekleidet und nicht verpflegt, sondern wieder in das Lager zurückgewiesen. Es gab keine weiteren Entlassungen. Ich schloss mich den anderen an, die glaubten, die Entlassung der 449 Personen fand statt, um Ehrentraud Specht ohne größeres Aufsehen aus dem Lager zu bekommen. Hatte sie einen Deal mit Noraschanow? Sie wurde ja auch in Buchenwald täglich zu ihm gerufen. Was steckte dahinter? Wir wussten es nicht.

Der 3. Februar 1950 war für mich und 643 andere Häftlinge ein Tag der Verzweiflung. Schon am frühen Morgen wurden wir aus unseren Baracken getrieben. Kaum hatte ich Zeit, mich von meinem Vater zu verabschieden. Es war nicht klar, ob er auch abtransportiert werden sollte. Doch er blieb zurück. Wir wurden weder neu eingekleidet, noch wurde uns Essen gegeben. In Gruppen von etwa 30 Häftlingen brachte man uns nacheinander mit einem Bus nach Erfurt. Das NKWD hatte Kellerräume in unbewohnten Mietshäusern zu unterirdischen Gefängnissen umfunktioniert. Für die nächsten vier Wochen wurde dieser Keller unser Zuhause. Während wir duschten, fuhr der Bus zurück, um die Nächsten zu holen. Ich war im ersten Transport. Im Duschraum lag noch Papier auf dem Boden, das von den Russen vor uns stammen musste. Es gab grundsätzlich kein Toilettenpapier. Papier war also kostbar und obwohl verboten, steckte ich mir einiges in die Tasche. Nachdem „meine Gruppe" in der Zelle „einquartiert" worden war, bemerkten Häftlinge, dass ich es riskiert hatte, Papier mitzunehmen. Und nun wollten sie, dass ich mit ihnen teile. Ich weigerte mich und beharrte darauf, denn sie hatten die gleiche Gelegenheit. Nach etwa drei Wochen wurde ich zum politischen Offizier gerufen. Er stellte mir dieselben Fragen, wie einst vor viereinhalb Jahren Kapitän Pankow. „Warum ist dein Vater nach Deutschland gekommen? Wer hat deinem Vater das Recht gegeben, Arbeiter auszubeuten?" Für die Sowjets war jeder Arbeitgeber ein Ausbeuter. „Wo haben Sie Verwandte in Deutschland?" Einer nach dem anderen wurde verhört. Manche fürchteten das Schlimmste, andere erhofften Entlassung. Nichts dergleichen geschah.

Nach vier Wochen wurden wir wieder verladen. Diesmal ging es in das Zuchthaus Weimar. Dort waren es kleine Zellen, die jeweils mit neun Häftlingen besetzt wurden. In jeder Zelle bestimmten die Sowjets einen Zellenverantwortlichen. In meiner Zelle fiel das Los auf mich. Wir hatten keine Ahnung, wie lange wir hier aushalten sollten. Unsere Zelle war gerade so groß, dass wir Schulter an Schulter auf dem Boden liegen konnten. Für Menschen, die unter Platzangst litten, war es eine unerträgliche Situation, die immer zu Schlägereien führte. Die Nerven lagen blank. In meiner Zelle wollte ich für Beschäftigung als auch für Ruhepausen für alle zur gleichen Zeit sorgen. So begannen wir nach dem Zeichen zum Aufstehen im Kreis zu laufen, um die Blutzirkulation in Gang zu bringen. Einer nach dem anderen sollte den Kübel benutzen bevor er geleert wurde, so dass der leere Kübel nur für Notfälle bereitstand. Er wurde nur einmal am Tag geleert und hatte keine Abdeckung. Zum Waschen gab es täglich einen Krug Wasser für alle, gerade genug für zwei Hände pro Person. Wir hatten eine Erzählzeit festgelegt, um uns ruhig

zu halten. Vormittags erzählte einer über seinen Beruf, nachmittags ein anderer über ein Buch, das er gelesen hatte. Der Direktor von Zeiss-Ikon, Dr. Steinmetz, hatte Hunderte von Büchern gelesen und es war ein Genuss, ihm zuzuhören. Auch Arno konnte wunderbar erzählen. Er hatte zwar keine Bücher gelesen, aber in Afrika gelebt und dort eine Vierzehnjährige namens Monka geheiratet. Seine Erzählungen waren persönliche Erlebnisse, die sich immer um Monka drehten. Ich konnte mich nicht gerade als sehr belesen bezeichnen und so füllten die Gedanken für meine nächste Geschichte die Zeit. Allerdings beschäftigten mich auch die Tag und Nacht über uns vorbeifliegenden amerikanischen Transportflugzeuge, die ich durch das Gitter des Kellerfensters beobachten konnte. Wieso flogen sie ständig über die sowjetische Zone? Ich konnte mir das nicht erklären.
Unter uns befand sich ein Brasilianer, der durch Klopfzeichen Verbindung zur Nachbarzelle aufgenommen hatte. Jeder Häftling hatte das „Gefängnismorsen" schnell gelernt, einmal Klopfen bedeutete „A", zweimal Klopfen „B" und so weiter. Er wusste bald, dass unsere Nachbarn Frauen waren und hatte eine „Klopffreundschaft" begonnen. Einerseits verstand ich ihn, andererseits hatte ich Bedenken, die Posten könnten das Klopfen bemerken.
In den vier Monaten stand in unserer Zelle die Zeit still. Von außen geschah gar nichts. Wir fühlten uns vergessen.
Am 8. August 1950 wurde ich plötzlich aus der Zelle geholt. Den geraden Gang entlang zu laufen, bereitete mir Schwierigkeiten. Nach vier Monaten konnte ich mit geschlossenen Augen im Kreis laufen, aber nicht mehr gerade. Ich wurde in einen „Gerichtssaal" geführt. Alles war rot, ein Offizier und eine Dolmetscherin erwarteten mich. Der Offizier hatte sich eine Jacke über seine Uniform geworfen. Damit war sein Rang nicht zu erkennen. Es gab keinen Richter, keine Verteidigung, kein Verhör. Nachdem ich den Raum betreten hatte, musste ich mich sofort mit dem Gesicht zur Tür wenden. Ohne mich nach meinem Namen zu fragen, verlas die Dolmetscherin etwas in Russisch. Ich verstand kein Wort. Man forderte mich auf, zum Tisch zu kommen und das Verlesene zu unterschreiben. „Ich bin Amerikaner. Ich verstehe kein Russisch!", war meine Erwiderung. „Sie sind von der Troika in Moskau zu 15 Jahren Zwangsarbeit verurteilt." Mir blieb das Herz stehen. „15 Jahre! Wofür? Warum? Ich bin Amerikaner, das dürfen Sie nicht!" „15 Jahre ab heute. Wenn Sie Fragen haben, stellen Sie sie dort im Lager, wo Sie hinkommen. Unterschreiben Sie, dass Sie informiert worden sind, ansonsten unterschreibt jemand anderes für Sie." Ich dachte in diesem Moment zu unterschreiben, vielleicht erfährt dadurch irgendjemand von meiner Existenz, dass ich noch am Leben war. Die

fünf Jahre, die ich bis jetzt in Haft war, spielten keine Rolle. Nichts spielte eine Rolle, weder Recht noch Gesetz, weder Alter, Geschlecht, noch Nationalität. Sollte ich überleben, es gäbe bis 1965 keine Freiheit. Man brachte mich in eine große Zelle. Sprachlos stand ich da. Vierzig Augenpaare starrten mich an. „Wieviel?" „15 Jahre.", stammelte ich fassungslos. Sie lachten voll bitterer Ironie. „Wir haben gerade jeder 25 Jahre bekommen."

Zwei Tage später, am frühen Morgen, wurden wir nach Berlin-Lichtenberg transportiert. Das Gebäude dort sah eher aus wie ein geteilter Speicher, nicht wie ein Gefängnis. Dunkle Hallen, große Zellen, Posten in Uniform und Zivil. Tag und Nacht hallte das Geschrei der Gefolterten durch das ganze Gebäude.

Am 17. August 1950 hieß es: „Raus aus den Zellen, in den Hof!" Dort wurden wir jeweils passend für einen Wagon abgezählt, insgesamt waren es drei Wagons und die Zahl der Häftlinge war wieder 644, genau wie in Buchenwald. Nur waren es zum Teil andere Gesichter, zerlumpt, verkommen, seit Monaten ohne Bad. Der Zug wurde in den Hof des Gefängnisses rangiert. Jeder Wagon war mit der Aufschrift „POST" versehen, die Fenster waren abgedunkelt. Die Abteile, für acht Personen vorgesehen, wurden mit 20 Häftlingen vollgepfercht. Ein Wagon wurde besonders scharf bewacht. Ich sah gefesselte Häftlinge mit Säcken über ihren Köpfen. Mich schauderte bei der Vorstellung, einmal in eine solche Zwangslage zu kommen. Wie musste ihnen zumute sein?
Während wir 644 Häftlinge in den Zug gepresst wurden, flogen etwa 50 amerikanische Luftbrückenflugzeuge über den Gefängnishof Richtung Tempelhof. Ich wollte sie berühren, konnten sie uns nicht sehen? Kümmerte sich niemand um uns? War es nicht klar, dass hier etwas Unheimliches vor sich ging? War ihnen das alles egal? Wusste man nicht, dass täglich Tausende von Menschen in die UdSSR verschleppt wurden? Obwohl die polnischen Partisanen solche Häftlingszüge zu befreien suchten, kamen die meisten Züge nach Brest oder Orscha ungehindert durch.

Am 23. August kamen wir in Orscha, kurz hinter der polnischen Grenze, an. Der Krieg hatte seine Spuren hinterlassen. Die Stadt war verwüstet, nur das Gefängnis war intakt. Ich wurde mit einigen Hundert anderen in einer einzigen Zelle untergebracht. Ein riesiger Kessel in der Ecke diente als Toilette, bis er in der Nacht umkippte und alles noch furchtbarer wurde. Viele Häftlinge hatten größte Probleme, ihren Stuhlgang in unmittelbarer Gegenwart von anderen zu verrichten. Den Gefangenen, bei denen das Schamgefühl unüberwindbar war, konnte niemand helfen. Sie gingen regelrecht zugrunde.

Nach zwei Tagen marschierten wir unter schärfster Bewachung zum Bahnhof. Die Eisenbahnwagons, die man „Stolipinski" nannte, standen für uns bereit. Diese Wagons wurden von der Firma Pulman in den USA hergestellt und im Rahmen des Landlease-Programmes mit tausenden anderen amerikanischen Lokomotiven den Russen zur Verfügung gestellt. Stolipin war Polizeiminister des russischen Zaren gewesen, der damals schon zur Zwangsarbeit nach Sibirien verbannte und so kam die Bezeichnung „Stolipinski" zustande. Auf einer Seite dieser Stolipinski's waren Fenster. Auf dieser Seite befand sich ein schmaler Gang für die Posten. Dann kamen die Gitter und dahinter die Zellen. In den Zellen konnte man nur liegen, sozusagen in drei Lagen übereinander mit dem Kopf zum Gitter. Erst musste die oberste Lage besetzt werden. Man quetschte sich zu beiden Seiten, so dass die Klappe geschlossen werden konnte. Dann die Mittellage, zuletzt die untere. Wir lagen wie Sardinen in einer Büchse. Morgens und abends sollten wir aus unserer Falle erlöst werden, um die Notdurft verrichten zu können. An manchen Tagen hat man diese Notwendigkeit einfach vergessen und die unteren Lagen mussten den Urin von oben aushalten. Um diese Schande zu vermeiden, verzichteten wir oben auf das Trinken. Die Verpflegung bestand aus Brot, Wasser und salzigem Fisch. Um aufs Trinken zu verzichten, konnten wir den Fisch nicht essen. Ohne den Fisch hatten wir nur das trockene Brot. Im Notfall füllten wir unsere Schuhe, um unsere Mithäftlinge zu schonen. Beim nächsten Stopp leerten wir sie, um sie wieder anzuziehen, denn es wurde bereits empfindlich kalt. Alle haben gelitten, die oben genauso, wie die unten. Noch mehr litten die Frauen unter den Vergewaltigungen. In ihrem Geschrei klang ihre ganze Verachtung durch den Wagen.
Zehn Tage benötigten wir bis Moskau. Den größten Teil der Zeit standen wir auf Abstellgleisen und mussten in unseren Rattenlöchern ausharren. Am Moskauer Bahnhof spielte eine Kapelle. Natürlich war sie nicht für uns gedacht. Dann endlich ließ man uns antreten. Wir mussten die Kapelle passieren. Anschließend wurden wir mit Polizeifahrzeugen ins Krasnaja- Prest-Gefängnis verfrachtet. Im Einlieferungsraum warteten wir stundenlang. Ein Transport nach dem anderen kam an. Hätte ich einen Bleistift gehabt, stünde auch mein Name unter den Zehntausenden an den Wänden, die buchstäblich geschwärzt waren. Vergeblich suchte ich nach dem Namen meines Vaters, sollte er vor mir in Moskau angekommen sein? Im Dresdner Gefängnis war es mir möglich, Vater Mut zu machen und ihm zu helfen. In Mühlberg konnte ich ihn gut versorgen, so dass er auch

anderen helfen konnte. In Buchenwald haben wir zusammen geschuftet und die heißen Kartoffeln aus der Asche gezogen, aber jetzt? Wo ist er? Ich war jung und gesund, ich konnte fast alles überstehen, aber er?
Während wir endlich einmal wieder duschen konnten, wurde unsere Kleidung, wenn man sie noch so nennen konnte, desinfiziert. Die allgegenwärtigen Zellengenossen, Flöhe, Läuse und Wanzen, mussten beseitigt werden. Und wieder große Zellen mit 50 bis 60 Männern. Vier Tage währte unser Aufenthalt in Moskau. Jeden Tag durften wir zehn Minuten in einem Dachkäfig tief Luft holen. Auf den Zehenspitzen war es mir möglich über die Mauer zu schauen und einen Teil von Moskau zu sehen. Die Situation im Nachbarkäfig war entsetzlich. Ich sah etwa 300 Kinder im Alter von 6 bis 15 Jahren. Sie waren zur Zwangsarbeit verurteilt. Später erfuhr ich, dass man Kinder in diesem Alter nicht in die fernen sibirischen Lager verschleppte, sondern sie in Rüstungsbetrieben, vorwiegend in Gorki, verbrauchte.

Wieder vier Tage im Stolipinski, mehr auf Nebengleisen stillstehend, konnte ich über den Köpfen der Posten etwas von der Landschaft erkennen. Nach dem Schatten zu urteilen, fuhren wir weiter in Richtung Norden.

Es war schon dunkel am Abend des 3. September 1950, als der Zug vor dem Gefängnis in Wologda hielt. Es war kalt im Zug und unsere natürlichen Bedürfnisse sollten noch die ganze Nacht aushalten müssen. Offensichtlich wollte man auf Tageslicht warten, bevor man uns in das älteste Gefängnis Russlands sperrte.
Der 4. September begann. Die meisten meiner Verwandten und Freunde dachten sicher an mich, denn der 4. September war mein Geburtstag. Wo ich war, hätten sie sich niemals träumen lassen. Das ich lebte, wussten sie nicht. Wologda wurde unter Katharina der Großen erbaut und sah aus wie eine Festung. Die Zellen, meist unter der Erde, waren in fünf Kelleretagen angeordnet. Man konnte in den Gängen nur gebückt stehen. Wenn man auf der Pritsche lag, war die Decke der Zelle kaum 20 Zentimeter vom Gesicht entfernt. Nur wenig Licht fiel durch das Gitter von der Halle zu uns herein. Wenn es nicht Platzangst war, die uns den Atem nahm, so waren es die Ratten, die die Zellen bewohnten. Nur die Hölle kann schlimmer sein. Es war mein Geburtstag und ich war so verzweifelt.

Vier Tage und Nächte, mehr hätte auch ich nicht aushalten können.

Von Wologda ging es in Viehwagons und Güterwagen die einsame Strecke über Petschora, am Ural entlang, hoch in den Polarkreis nach Workuta. Die Wälder hatten wir schon zurückgelassen. Als auch die Birken nur noch spärlich höchstens einen Meter hoch standen, wussten wir, dass wir den Polarkreis überschritten hatten. Es gab keine Straßen, die nach Norden führten, nur Schienen. Nur die einsame, eingleisige Spur mit hin und wieder einer Nebenspur, um entgegenkommenden Zügen auszuweichen. Die Gleise hatten Häftlinge in den frühen 30er Jahren gebaut und man sagte, dass unter jeder Schwelle das Skelett eines Häftlings läge! Ab und zu huschten kleine Lager von Häftlingen, die die Gleise freihielten, vorbei. Als ich keine Vegetation mehr entdecken konnte, nur noch endlose Schneewüste, wusste ich, dass die arktische Tundra begonnen hatte und Workuta nicht mehr weit war. Workuta war eine Siedlung von etwa 400.000 sogenannten Zivilisten, meist in Uniform als Lagerpersonal, 400.000 „politischen" Gefangenen aus aller Welt und 200.000 Offizieren des MWD als Wachpersonal. Ab 1950 bezeichnete sich das NKWD als MWD, Ministerium für Innere Angelegenheiten, später KGB. Unter ihnen waren auch sowjetische Soldaten, die im Ausland gedient hatten und wieder „sowjetisiert" werden sollten, bevor sie aus dem Militärdienst entlassen wurden. Im Ausland hatten sie eine Welt erlebt, über die sie zu Hause berichtet hätten und man fürchtete Unzufriedenheit oder gar Aufstand.

Stationen der Verbannung nach Sibirien

Barentssee
Petschorasee
Workuta
Salechard
Nordkap
Hammerfest
Varanger-halbinsel
Vadsø
Kolgujew
Narjan-Mar
Tromsø
Senja
Finnmark
Nickel
Murmansk
Kanin
Timanrücken
Lofoten
Vestfjord
Narvik
Kebnekajse 2123
Kiruna
Lappland
Montschegorsk
Kirowsk
Halbinsel Kola
Ponoi
Narodnaja 1894
Petschora
Westsibirisches Tiefland
Bodø
Gällivare
Kandalakscha
Mesen
Ural
Rovaniemi
Weißes Meer
Uchta
Mosjøen
Skandinavisches Gebirge
Luleå
Kemi
Sofporog
Archangelsk
Karpogory
Wenденga
Sewerodwinsk
Namdal
Norrland
Norrbotten
Oulu
Finnland
Belomorsk
Onega
Kajaani
Syktywkar
Umeå
Suomenselkä
Karelien
Plessezk
Östersund
Storsee
Ångermanland
Vaasa
Kuopio
Solikamsk
Bottnischer Meerbusen
Kotlas
Jämtland
Sundsvall
Ljusnan
Konoscha
Petrosawodsk
Onegasee
Mikkeli
Tampere
Pori
Nordrussischer Landrücken
Dalarna
Siljansee
Falun
Gävle
Lahti
Salpausselkä
Wiborg
Ladogasee
Kirow
Turku
Åland-Inseln
Helsinki
Finnischer Meerbusen
Wolchow
Wologda
Svealand
Karlstad
Västerås
Uppsala
Russland
Ischewsk
Sarapul
Örebro
Stockholm
Reval (Tallinn)
St. Petersburg
Tscherepowez
Rybinsker Stausee
Narwa
Nordrussischer Tiefland
Norrköping
Dagö
Estland
Nowgorod
Rybinsk
Kostroma
Nischnekamsk
Nabereschnyje Tschelny
Kasan
Jaroslawl
Dorpat
Peipussee
Ösel
Jönköping
Iwanowo
Tscheboksaryer Stausee
Tscheboksary
Pleskau (Pskow)
Götaland
Gotland
Windau
Ostsee
Twer
Waldaihöhen
Kowrow
Nischni Nowgorod
Sergijew Posad
Wladimir
Lettland
Riga
Öland
Kalmar
Libau (Liepaja)
Rschew
Moskau
Orechowo-Sujewo
Arsamas
Karlskrona
Welikije Luki
Simbirsk
Togliatti
Memel (Klaipeda)
Dünaburg
Kolomna
Saransk
Samara
Litauen
Serpuchow
Rjasan
Sysran
Bornholm (dän.)
Witebsk
Kaluga
Mittelrussische Platte
Pensa
Königsberg (Kaliningrad) (russ.)
Wilna (Vilnius)
Smolensk
Tula
Wolgahöhen
Orscha
Danzig (Gdańsk)
Baltischer Landrücken
Minsk
Borissow
Mogiljow
Balakowo
Weissrussland
Tambow
Allenstein (Olsztyn)
Brjansk
Orjol
Jelez
Lipezk
Saratow
Engels
Thorn
Bialystok
Bobruisk
Baranowitschi
Posen (Poznan)
Gomel
Woronesch
Kursk
Warschau (Warzawa)
Pinsk
Pripjetsümpfe
Polen
Tschernihiw
Sumy
Belgorod
Breslau (Wrocław)
Lublin
Tschenstochau
Luzk
Korosten
Kattowitz
Riwne
Schitomir
Kiew (Kyiv)
Charkiw
Wolgograd
Wolschski
Ostrau
Krakau
Rzeszów
Poltawa

Auf dem Hochplateau befanden sich etwa 40 Kohlebergwerke, einige Zementwerke und Ziegelfabriken. Die Frauen in Workuta leisteten Schwerstarbeit in den Ziegel- und Zementwerken. Auch das Legen von Eisenbahnschienen wurde den Frauen überlassen. Die 100.000 Frauen waren ebensowenig wie wir ausreichend gekleidet für Polarwind und arktische Kälte. Sie waren ebenso unterernährt und kahl geschoren. Ich dachte, für Frauen muss es noch demütigender sein, zumal es furchtbar aussah. Ich selbst wog unter 50 Kilo. Dennoch war ich dankbar für die Zeiten, in denen ich bessere Versorgungsmöglichkeiten für mich hatte als meine Mithäftlinge, in Dresden als Kalfaktor, in Mühlberg im Verpflegungslager. Wie wird es mir in Russland ergehen? Ich verstand die Sprache nicht. Wir hatten Kriminelle unter uns. Die Zivilisation war unerreichbar, wir waren am Ende der Welt. Hatte ich überhaupt eine Chance?

Am 14. September 1950 kam unser Transport in Workuta an. Das Workuta-Plateau war im Westen, Süden und Osten von hohen, kahlen Bergen umgeben. Man sagte, es sei die kälteste Gegend der Welt. Der durch die Höhenlage bedingte Mangel an Sauerstoff verlangte ein schnelleres Atmen, unser Herzschlag wurde schneller und die Kräfte gingen rasch aus. Die Sowjets wussten, dass man den Körper erst langsam an diese Bedingungen gewöhnen musste, um in diesen Regionen überhaupt überleben zu können. Drei Wochen Perisilka, Quarantäne, waren angeordnet. Wie immer, wenn ich in ein neues Lager kam, fragte ich nach Arbeit. Meine Mithäftlinge erklärten mich für verrückt, denn zusätzliches Essen gab es nicht. „Hier gibt es keine Arbeit. In ein paar Wochen kannst du dich ausarbeiten!“, lachte der Lagerleiter höhnisch.

Schon am ersten Tag meiner Ankunft in der Perisilka kam ein relativ gut genährter Häftling in meine Baracke: „Ist hier jemand aus Buchenwald?“, fragte er. Ich meldete mich. „Hast du Kasimir gekannt?“ „Ja!“ Viel konnte ich ihm über Kasimir nicht berichten, nur, dass er noch in Buchenwald war, als ich abtransportiert wurde. „Was machst du hier?“, fragte ich ihn. „Ich leite die Küche, willst du arbeiten?“ „Nur zu gern!“, antwortete ich schnell. „Komm mit. Ich spreche mit der Lagerleitung, so dass du keine Schwierigkeiten bekommst.“ Und tatsächlich, es klappte. Die Arbeit war recht gut; Kessel putzen, die Verpflegungsbaracke ausfegen, die Frühstückssuppe vorbereiten, alles nachts. Natürlich konnte ich mir bei der Arbeit einiges in den Mund stecken. Der Hunger war schon seit Monaten nie gestillt. „Lass das, wenn die Arbeit fertig ist, werden wir richtig essen, nur darfst du niemandem etwas sagen!“, flüsterte mir der Küchenchef über die Schulter.

„Richtig essen“ hatte mein Magen schon lange nicht mehr erlebt. Die Köche kochten auch für die Russen, da fiel immer etwas ab. Mit vollem Magen konnte ich sogar noch ein paar Stunden auf einer Bank schlafen. Die Frühstückspampe oder Kascha wurde ausgegeben, die Kessel wurden gereinigt und dann war meine Arbeit beendet.
In meiner Baracke angekommen hatte ich mich gerade zum Schlaf gelegt, als ein Posten hereinstolperte. „Nobel Djoon, komm her, und du und du und du!“, zeigte er auf einige Häftlinge. „Mitkommen, Arbeiten!“ Ich versuchte vergeblich, ihm klar zu machen, dass ich die Nacht über bereits gearbeitet hatte. Der Posten wollte nicht verstehen und drohte, seiner Anordnung nicht zu widersprechen. Nun gut, heute Abend wird der Küchenleiter das schon aufklären.

Wir waren zehn Mann und mussten unter strenger Bewachung losmarschieren. Nach etwa einem Kilometer standen wir vor einer Landepiste. Ich war verblüfft, denn An- und Abflüge gab es nicht und damit hatte ich nicht gerechnet. Wir sollten Nägel geradebiegen, Tonnen von Nägeln. Der Arbeit war nichts abzugewinnen, aber diese Landepiste mit ihren stationierten Radarsystemen war höchst interessant. Immerhin könnte sie einmal ein Fenster aus dieser Arktiszelle sein. Die Russen hatten große Fässer auf der Rollbahn plaziert, heimliches Starten oder Landen war unmöglich. Es vergingen zwölf Tage und Nächte in der „Perisilka“. Früher als geplant wurden wir in verschiedene Arbeitslager aufgeteilt, ich kam in Lager 3, Schacht 16. Dort wurden wir untersucht und kamen wiederum in Brigaden, 22 Mann stark. Meine, die 139. Brigade, war dem KGB-Offizier Schumburitze aus Georgien unterstellt. Schumburitze war für alle Transportabteilungen zuständig. Bei Arbeiten über Tage war zwar mit unerträglichem Frost zu rechnen, aber es war immer noch besser, als unter der Erde in 300 Meter Tiefe.

Ich schätzte mich glücklich, über Tage zu arbeiten. Die Tiefe und die drei Kilometer langen Tunnel wären grausam für mich gewesen. Bergbau in diesem Gebiet zu betreiben war reine Schikane. Die Kohleadern waren etwa 20 Zentimeter stark und man musste erst die gleiche Stärke Gestein abhauen, um an die Kohle heranzukommen. Das wiederum konnte nur im Liegen geschehen und die Deckenstützen boten alles andere als Sicherheit. Jeder, der diese Arbeit verrichten musste, durchlebte Tag für Tag zehn Stunden der Angst, immer in der Hoffnung, wieder zu Tage zu kommen. Hatten wir nur einmal in der Woche Tote, waren es wenig. Die Verschütteten wurden liegengelassen. Wir befanden uns in absoluter Isolation, nicht einmal Bewachung war nötig, fern jeder Zivilisation. Normalerweise betreibt man bei einem so geringen Kohlevorkommen keinen Bergbau. Aber ohne jeden Einsatz von Technik erreichte man mit dem brutalen Ausnutzen der reinen Arbeitskraft der Häftlinge noch einen Gewinn. Mit der Methode, unsere Verpflegungsration von unserer Leistung abhängig zu machen, zwang man uns, nur an die vorgegebene Quote zu denken. Brachte man diese nicht, gab es halbe Ration. Damit war die Arbeit am nächsten Tag kaum zu schaffen. Der Tod war vorprogrammiert. Diese Gedanken beherrschten uns so ausschließlich, dass an Widerstand oder Flucht nicht zu denken war. Wir waren kahlgeschoren, eine Demütigung. Die Männer standen nackt und wurden von weiblichen russischen Offizieren komplett enthaart, die Frauen von Männern des MWD. Dies wiederholte sich aller zehn Tage. Und aller zehn Tage gab es einen Ruhetag. Am Abend zuvor ging man zum Bad. Eine Schüssel warmes und eine Schüssel kaltes Wasser wurde mir zugeteilt. Tonseife, die keinen Schaum kannte, sollte uns säubern. Nach der Körperwäsche wusch man die Unterwäsche in diesem Wasser, die dann im Bad zum Trocknen und Aufbewahren blieb. Überall an meiner Wäsche, Jacke, Hose und Kappe, war meine Nummer eingebleicht, Nummer 1/E241. Nach dem Waschen ging man Essen. Der Coupon für die Verpflegung wurde uns vom Abteilungsleiter nach der Arbeit gemäß unserer Leistung zugeteilt. Das die Leistungsfähigkeit von der Ernährung abhängt, scheint logisch. Doch im Land der Sowjets dachte man anders. Man hielt uns nach der Theorie, um so hungriger um so arbeitssamer, denn nur nach erfülltem Leistungssoll gab es für uns Essen. Wir waren Sklaven und wurden auch so behandelt. Man bezeichnete uns als „Rap“, Sklave. Morgens, vor der Arbeitsschicht, wurde jedem ein Drittel von einem Laib Brot in die Baracke gebracht. Man hätte die feuchte Masse aus Roggen, Weizen, Hafer und wer weiß was noch, zu einer Kugel in der Größe eines Tennisballes zusammenquetschen können. Es war strengstens verboten, etwas aufzubewahren. Das wurde als Vorbereitung zur Flucht geahndet. Trotzdem hatte fast jeder ein Versteck. Ich habe einen Teil gegessen und einen Teil am Körper getragen, um später den größten Hunger zu vertreiben. Wenn man wie ich über so viele Jahre unter 50 Kilogramm wiegt, ist es fast unmöglich, sich zu beherrschen, wenn etwas Essbares greifbar ist. Dennoch, von einem anderen Häftling etwas zu stehlen war undenkbar und das Schlimmste, was man tun konnte. In Workuta ist das niemals vorgekommen. Unser Trinkwasser holten wir in Kübeln. Das war Pflicht, aber keiner trank davon. Meine Baracke war einige hundert Meter vom Zapfhahn entfernt, so dass das lauwarme Wasser schon gefroren war, bis wir die Barackentür hinter uns schließen konnten. Aber der wahre Grund waren Floride, die uns ins Trinkwasser gemischt wurden. Sie bewirken Gleich-

CAMP VORKUTA **Mines 12, 14, 16**

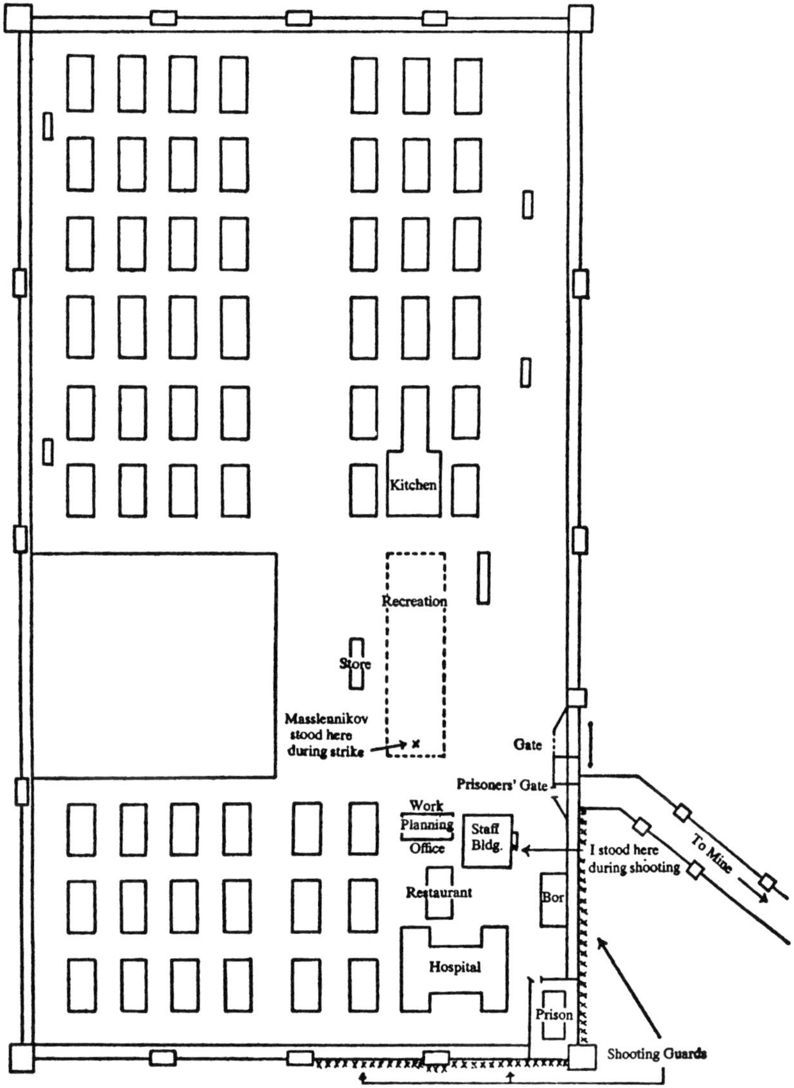

NOTE: The "prison" had 8 cells and was used for severe short terms, in chains, of 5 to 10 days for camp violations. The *bor* was used for confining prisoners serving 10 to 60 days at hard labor for camp violations.

gültigkeit und Lethargie und das war für uns gefährlich. Zwar hat man für die Suppe, die aus gelbgrünem Wasser mit einem kleinen Blatt Kohl bestand, sicher auch dieses Trinkwasser benutzt, aber darauf konnten wir nicht verzichten.

Die zweite und letzte Mahlzeit des Tages, es gab nur zwei täglich, erhielten wir nach neun bis zwölf Stunden Arbeit und totaler Erschöpfung. Es wurde kaum ein Wort gesprochen. Man aß schnell und fiel auf die Bretter. Jahr für Jahr das Gleiche in Workuta, die gleiche Suppe, der gleiche Kascha, nur nach der Arbeit ein Stück Fisch dazu. Schon als Junge mochte ich keinen Fisch riechen oder gar essen. Im Gefängnis am Münchner Platz gab es monatelang Fischsuppe aus Gräten. In Weimar gab es ungekochten Fisch und hier in Workuta einen salzigen rohen Fisch, der in hundert Teile zerhackt war. Es war immer das Gleiche. Nur am 1. Mai jeden Jahres war es anders. Die Lageroffiziere bestanden darauf, dass an diesem „Tag der Arbeiter" auch der Speiseplan ganz nach kommunistischen Prinzipien aufgestellt wurde. Im Lager 3 wurden das Jahr über drei Schweine von den spärlichen Abfällen der Küche gefüttert. Der 1. Mai war ihr Todestag und nun sollten sie gleichmäßig unter allen verteilt werden. Der Kommandant erhielt ein Schwein, die etwa 100 Bewachungsoffiziere ein Schwein und das Lager mit 4.500 Häftlingen das dritte Schwein. So erhielt jeder Häftling ein Stück, so groß wie ein Würfelzucker. Die Offiziere amüsierte ihr Zynismus.
In meiner Baracke mit 125 Häftlingen fand sich ein Gemisch verschiedener Nationalitäten. Die Banderowski, die Ukrainer, die um ihre Freiheit gegen die Sowjetunion gekämpft hatten, waren in der Mehrzahl. Innerhalb der Sowjetunion unterlagen die verschiedenen Völkergruppen unterschiedlichen Gesetzen und wurden im Strafmaß auch unterschiedlich behandelt. Echte Russen waren selten. Etwa zehn Prozent waren Ausländer aus aller Welt. In „meinem" Lager, Lager 3 mit 4.500 Häftlingen, waren Schweizer, Schweden, Balten, Brasilianer, Südafrikaner, Israelis und noch andere, eine Handvoll Deutsche, Engländer, ein Kanadier und ich, als Amerikaner. So nannte man mich auch „Amerikanitz". Man bezeichnete uns, ohne Ausnahme, als politische Häftlinge. Es waren auch Kriminelle unter uns, deren Kriminalität als politisch bezeichnet wurde. Einen Korb Kartoffeln aus der Kolchose zu stehlen war eine Unterminierung der UdSSR und brachte 20 bis 25 Jahre Zwangsarbeit im Gulag. Die meisten, ganz gleich welcher Nation, wurden wie ich nie angeklagt, doch in Abwesenheit verurteilt. Die tägliche Frage nach dem warum war unsäglich zermürbend.

Die Posten, die das Innere der Lager durchstreiften, waren Offiziere des MWD, Ministerium für Innere Angelegenheiten. Sie waren als Kleinstkinder von ihren Eltern getrennt, durch bessere Schulen geführt und als Sicherheitspersonal ausgebildet worden. Sie kannten keine Verwandten, niemanden, der sie liebte, es gab nur „Vater Staat", dem sie treu dienen sollten, komme, was da wolle. Ganz anders verhielt es sich mit den Außenposten. Sie hatten die Schießzone zu überwachen und die Türme zu besetzen. Ihre Versetzung nach Workuta war auch für sie eine Verbannung. Zwar entfiel die körperlich so schwere Arbeit, aber die Unterbringung und Verpflegung war wie die der Häftlinge. Nur konnten sie hoffen. Ihr Einsatz beschränkte sich auf zwei Jahre. Wohl waren sie stolz gewesen, als sie in den sowjetbesetzten Gebieten die Macht der UdSSR vertreten durften. Jetzt sollten sie in ihrer Heimat wieder „Tritt fassen". Ihre Situation war fatal. Sie hatten andere „Welten" gesehen und sahen in Workuta, was hinter der Fassade „Kommunismus" geschah. Fast täglich nahmen sich ein oder zwei der Posten das Leben. Das Leben in Workuta war für mich eine grausame, kaum zu überlebende Mischung aus schwerster Arbeit und ständigem Hungerschmerz, unbarmherziger Kälte und dem sich täglich wiederholenden Wahnsinn der Sinnlosigkeit. Das hatte stärkere Männer als mich umgebracht. Hier sollte ich fünfzehn Jahre oder mehr ums reine Dasein kämpfen? Aber ich musste, ich wollte leben!

Die Abteilung „Transport" war dem MWD-Offizier Schumburitze unterstellt, die Brigade 139 dem Brigadeführer, Häftling Politajew. Schon am ersten Tag im Bergwerk in Workuta musterte er die Neuankömmlinge und entschied, dass ich unter ihm arbeiten sollte. Ich wollte das im Gegensatz zu den meisten anderen nicht unter Tage, obwohl die Kälte mich fast umbrachte. Im Berg war es zwar wärmer und windgeschützt, aber meine Platzangst und die Gefahren wären für mich noch schlimmer gewesen. Meine Aufgabe bestand darin, allein drei Tonnen schwere Loren einen Kilometer auf Schienen zur Halde zu schieben. Sie waren mit Gestein beladen, ich hatte stets dunkelblaue Schultern. Ein anderer Häftling sollte das Gleiche tun. Er verfluchte Politajew hörbar und hatte damit über sein Los entschieden. Politajew ließ ihn eine der härtesten Tätigkeiten verrichten. Er musste in 300 Meter Tiefe in einem etwa 200 Meter langen Kanal mit einem Durchmesser von 70 Zentimeter wie eine Ratte nach Kohle kratzen.

Der Winter 1950/51 war einer der Härtesten. Die Temperaturen fielen auf 50 bis 60 Kältegrade. Auf der Oberfläche zu arbeiten nahm einem den Atem. Doch die Arbeit ging weiter. Der Tag begann wie immer um 4.45 Uhr und wie immer stürzten die Posten in die Baracke und brüllten: „Stawei!“ (Aufstehen!) Wir wuschen uns im Schnee den Oberkörper und um 5.30 Uhr ging es zum „Frühstück“. 6.00 Uhr war Abmarsch zu den Stollen 12, 14 und 16, die sich gut eineinhalb Kilometer entfernt befanden. Ein vier Meter breiter Korridor, mit drei Meter hohem Stacheldraht umgeben, führte uns vom Lager zur Arbeit. Die drastischen Sicherheitsmaßnahmen sollten von vornherein keinen Gedanken an Flucht aufkommen lassen. Doch dieser Winter mit seinen unbarmherzigen Schneestürmen, Purga genannt, hatte die hohen Zäune fast begraben. Außerdem war den Wachposten auf den Türmen die Sicht unmöglich. Flucht wäre sehr schwer, aber möglich gewesen, nur wohin? Wir waren 600 Kilometer von der nächsten Zivilisation entfernt. Es war bitterkalt. Ich hatte meine Buschlat, meine Jacke, über den Kopf gezogen, als mir Mischa, der Pole in meiner Brigade, in die Rippen stieß und mir zu verstehen gab, dass meine Wange weiße Flecken zeigte. Schnell zog ich eine Hand aus der Jacke, um die Wange durch kreisförmiges Reiben zur Durchblutung zu bringen. Jede Sekunde war wichtig, denn auch die Hand wurde vor meinen Augen weiß. Häftlinge, die schon mehrere Winter in Workuta durchlebten, hatten Finger oder Zehen durch Frost verloren. Entweder sie fielen ab oder sie mussten abgenommen werden, um Blutvergiftung zu verhindern. Nasen und Ohren brach man einfach ab. Wenn es einen Arm oder ein Bein betraf, wurde der Häftling auf halbe Ration gesetzt. Es war unmöglich, mit halber Ration zu überleben. Sie verhungerten alle. Manche beschleunigten diesen Prozess, indem sie Kohle aßen. Dann dauerte es noch drei Tage.

Auch ich musste einmal in das sogenannte Lazarett. Es war eine Bretterbude ohne jegliches Inventar. Ein Augenblick der Unachtsamkeit hatte genügt. Ich geriet zwischen zwei Wagons und hatte noch Glück. Einige Rippen waren gebrochen, andere gesplittert. Waska, mein Arbeitspartner, gab mir zu verstehen, dass sich im Bergwerk 14 ein Med-Punkt für Erste Hilfe befand. Waska verstand weder Deutsch noch Englisch und ich kein Russisch, so dass wir uns mit primitivster Zeichensprache verständigten. Im Med-Punkt wurde mir klargemacht, dass ich mit Erlaubnis meines Vorgesetzten zurück ins Lager gehen sollte, um dort von der Ärztin untersucht zu werden. So suchte ich Schumboritze. Er schaute mich kopfschüttelnd an und erwiderte auf meine Frage mit klarer Stimme: „Nein!“ Iwan, ein Russe in meiner Brigade, wurde gerufen, um zu dolmetschen. Er war Student aus Moskau und einer von Dreien, die zumindest etwas Englisch sprachen. „Wie ist es geschehen?“ Ich erklärte den Unfall. Schumburitze schaute sich um. „Komm hier her!“, bestimmte er. Er deutete auf eine Eispfütze. „Leg dich hinein!“, befahl er weiter. Ich fragte mich, was das soll. „Steh auf! Du bist gerade auf diesem Eis ausgerutscht und hast dir mehrere Rippen gebrochen. Einen Arbeitsunfall gab es nicht, verstanden. Bei einem Arbeitsunfall, an dem du selbst Schuld hast und dann nicht mehr arbeiten kannst, gehst du für drei Wochen in den Karzer. Wenn der Unfall aus technischen Gründen geschah, würde man mich bestrafen.“, erklärte Schumburitze. „So, du bist gefallen und musst weiter arbeiten. Ich gebe dir einen Arbeitsplatz, an dem du dich ausruhen und erholen kannst. Noch mal, einen Arbeitsunfall gab es nicht!“ Im Lager wurde mir ein Verband angelegt und ich ging weiter arbeiten. Diese Lösung brachte mir zwei Vorteile, ich hatte einen MWD-Offizier auf meiner Seite und es gab für mich keinen Karzer oder zusätzliche Schwerstarbeit. Die „Arbeit“ war so schon kaum zu bewältigen.

Im Januar und Februar kam die Sonne nicht über den Horizont, der Tag blieb dunkel. Die Nordlichter in Grün, Gelb und Orange wurden wie von Peitschen getrieben. Die Temperaturen bewegten sich um die vierzig Grad unter Null, oft auch unter 50 und 60 Grad Kälte. Für die Dauer von drei Stunden fiel das Thermometer gar auf 72 Grad minus. Gemäß Gulag-Verordnung sollte keine Oberflächenarbeit in dieser extremen Kälte von den Häftlingen verlangt werden. Doch bei uns gab es keinen Stillstand. Major Schewschenkow war verantwortlich für unser Lager und dessen Kohleproduktion, MWD-General Derewjenkow für ganz Workuta und dessen gesamte Kohleproduktion. Auf dem Papier erfüllten wir fast immer die geforderte Menge, tatsächlich aber nur 50 Prozent davon, so dass Stillstand Derewjenkow Probleme bereitet hätte. Selbst bei diesen Temperaturen wurden uns keine Handschuhe zur Verfügung gestellt. Wir versuchten unsere Hände mit Lappen zu schützen. Mir kamen die Tränen vor Kälte.

Als der Aufzug vom Schacht einmal repariert werden musste, entstand eine viertel Stunde Pause. Ich eilte zum Kesselhaus, um mich zu wärmen. Das hätte ich besser bleiben lassen sollen. So wunderbar es war, als das Eis an der Kleidung und den Schuhen taute, umso schlimmer war es, wieder in die Kälte hinausgehen zu müssen. Alles gefror. Ich konnte kaum laufen, jeder Schuh war ein Eisblock.

Die Kohle aus Workuta war für die Stahlwerke in Leningrad bestimmt. Sie wurde in Wagons mit einem Fassungsvermögen von 50 Tonnen verladen. Da das vorgegebene „Soll“ praktisch nie zu erfüllen war, die Abrechnungen auf dem Papier aber immer stimmten, wurden die Wagons nur zur Hälfte gefüllt. Damit bekamen die verantwortlichen Offiziere keine Schwierigkeiten und wir die uns zugeteilten Rationen. Den Häftlingen in Leningrad, vorwiegend 6 bis 15-jährige, ging es genauso, den Stahlwerkern ebenfalls und so bestand die ganze russische Wirtschaft aus Papier.

In meiner Baracke waren wir ein Gemisch von 125 Männern aus 72 verschiedenen Völkern. Die meisten stammten aus der Sowjetunion und ihren Republiken, zehn Prozent von uns waren Ausländer. Trotz der Vielfalt der Nationalitäten verbanden uns unsere Gefühle. Wir hatten die gleiche Angst, den gleichen Hunger, die gleiche Ungewissheit, den nächsten Tag zu überleben. Drei Glühbirnen, die in der Baracke etwas Licht gaben, reichten gerade, dass jeder seinen angestammten Platz auf den Brettern fand. Zwei Meter waren die Liegestätten breit, oben und unten an den Wänden der Baracke entlang. Zwei Backsteinöfen dienten dazu, die Baracke leicht zu erwärmen und gelegentlich Tee zu bereiten, wenn der eine oder andere ein Päckchen von Zuhause erhalten hatte. In jeder Baracke gab es einen Verantwortlichen für den Ofen. Der Raum wurde nur leicht beheizt, denn zu große Unterschiede zu den Außentemperaturen wären für uns tödlich gewesen.

Von 4.500 Häftlingen im Lager 3 erhielten 25 die Genehmigung, Päckchen und Post zu empfangen. Diese wenigen hatten Verwandte in der UdSSR oder in den besetzten Gebieten, die vom MWD auf Herz und Nieren geprüft worden waren und als „zuverlässig" eingestuft wurden. Die Päckchen waren mit Trockenbrot oder ein paar Zwiebeln meist sehr ärmlich, etwas Besonderes war Obst und ganz außergewöhnlich war Speck. Das Wichtigste daran aber war, ein Zeichen von Zuhause zu erhalten. Es war unausgesprochene Regel, dass der Päckchenempfänger die Hälfte des Inhaltes unter seinen Freunden verteilte. Wie gerne hätte auch ich ein Zeichen von meiner Familie erhalten, aber es wusste ja niemand, wo ich war, dass ich noch lebte.

Auf den Brettern neben mir lag Waska, ein junger Ukrainer. Wir arbeiteten zusammen. An meiner anderen Seite lag Pater Janis Schiwokas, ein Pastor aus Litauen. Um uns einigermaßen warm zu halten, deckten wir uns mit unseren Jacken gegenseitig zu. Wir lagen buchstäblich Körper an Körper. Wenn einer sich drehte, mussten sich alle drehen. Der Geruch von monatelang ungewaschenen Körpern so dicht vor der Nase war noch das Geringste. Eines Abends, ich hatte mich gerade schlafen gelegt, kam Unruhe in die

Baracke. Ich verstand nicht, was los war und wollte Waska fragen, aber er schüttelte den Kopf und tat, als ob er schlief. Ein Fremder war in die Baracke gekommen. Er hatte ein Beil in der Hand. Drei, vier Meter von mir blieb er stehen und hob das Beil. Instinktiv setzte ich mich auf und wollte eingreifen. Die starken Hände von Janis und Waska zogen mich zurück. Ein Aufschrei schallte durch die Baracke. Niemand rührte sich. Das Opfer blieb im eigenen Blut liegen. Der Täter hatte ihm das Beil mit aller Macht in den Rücken geschlagen. Er verließ die Baracke. Starr vor Schreck blieb ich liegen. Tote hatte ich zwangsläufig schon oft gesehen, aber einen Mord, wenige Schritte von mir entfernt? Mord unter Häftlingen, das war unfassbar. Es dauerte einige Zeit, bis ich die Erklärungen meiner Freunde begriff. Es gab „Blatnois“ im Lager. Sie waren Straßenkinder, die sich mit Gewalt durchs Leben schlagen mussten. Im Lager wurden sie von der Verwaltung geduldet, um die Häftlinge in Furcht zu halten. Wenn die Blatnois jemanden im Auge hatten, den sie nicht mochten, spielten sie Karten. Der Verlierer musste den Mord begehen. Die Strafe für Mord im Lager war drei Tage Karzer. Der Mord an einem Offizier kam, während ich dort war, einmal vor. Den Häftling haben wir nie wieder gesehen.

Bis ich die russische Sprache beherrschte, war mir alles, was mich hier umgab, völlig unverständlich. Die Sprache sowieso, aber auch das Verhalten der Sowjets. Innerhalb von sechs Monaten lernte ich Russisch, ein unbedingtes Muss, um nicht Gefahr zu laufen, nach missverstandenen Befehlen erschossen zu werden. Und ich begann die Ursache für den Hass der verschiedenen sowjetischen Völkergruppen gegenüber den Russen, aber auch untereinander, zu erkennen. Es gab etwa 200 verschiedene Völkergruppen, Russisch wurde zur Landessprache erklärt. Die Gesetze wurden jeweils mit unterschiedlichem Strafmaß versehen. Man versuchte, die Religionen und Kulturen zu zerstören und Uneinigkeit und Furcht zu verbreiten. Selbst im Lager, in dem alle Häftlinge gleich behandelt wurden, spürte man den Zwiespalt der Völker untereinander.
Die Ukrainer, besonders die Bandera-Anhänger, hatten es sich zur Aufgabe gemacht, geheime Verbindung zwischen den Lagern zu halten und waren so über die Lage im Land informiert. Die Bandera und die russischen Wlassow-Mitglieder hatten im Zweiten Weltkrieg mit den Deutschen gegen Stalin gekämpft, bis sie von den Deutschen fallengelassen wurden. Etwa 28 Millionen Menschen sollen in den Tausenden Lagern der Gulags zur Zwangsarbeit verurteilt worden sein. Wie viele umgekommen sind, weiß niemand. In Workuta allein waren es über eine Million.

Zu den 28 Millionen in den Lagern der Sowjetunion befanden sich 12 bis 16 Millionen in den sogenannten Außenlagern. Das war ein isoliertes Gebiet um das eigentliche Lager, in das „entlassene“ Häftlinge, die ihre Strafzeit tatsächlich überlebt hatten, eingewiesen wurden. Zu Stalins Zeiten sollte keiner der Gulag-Häftlinge wieder nach Hause kommen. Sie kamen höchstens ins Außenlager. Dort konnten sie heiraten oder ihre Familie zu sich kommen lassen, aber nach Hause? Nein, niemals! Die Arbeit war die Gleiche. Man durfte lange Haare tragen und, wonach sich die meisten sehnten, Wodka trinken. Wenn ich sie fragte, warum sie so süchtig nach Wodka waren und dann noch so irrsinnig viel, bekam ich immer die gleiche Antwort: „Wenn ich Wodka trinke, sind das die schönsten Stunden meines Lebens, bis ich bewusstlos bin, dann ist um mich herum nichts mehr!“
Da ich zu 15 Jahren verurteilt worden war, konnte meine Zukunft also nur so aussehen; im August 1965 würde mich der Lagerkommandant zu sich rufen und mir entweder mitteilen, dass er gnädig sein wird und mich ins Außenlager versetzt oder er würde mich lächelnd anschauen und mir verkünden, dass sie sich freuen, mich 15 Jahre gehabt zu haben und dass ich doch noch zehn weitere Jahre bei ihnen bleiben möchte.

Ich war 16, als der Zweite Weltkrieg ausbrach, es war elf Jahre her, dass ich mich in völliger Freiheit bewegen durfte. Jetzt war ich 27 Jahre alt. In 15 Jahren wäre ich 42. Diese Gedanken musste ich verdrängen, so durfte ich nicht denken. Ich muss nur gesund bleiben und die Nerven behalten! Die Kunst bestand darin, nicht auf Entlassung für Morgen zu hoffen, aber den festen Glauben an die Freiheit nie zu verlieren.

Im Lager 3 hatten wir einen der wenigen Med-Punkte in Workuta. Kranke Häftlinge aus Lagern der Umgebung wurden in unser Lager gebracht. Gewöhnlich waren das Häftlinge, die ihre Arbeit unabkömmlich machte, sonst hätte man sie einfach sterben lassen. Dies bot eine Gelegenheit, von Stimmungen und Neuigkeiten aus anderen Lagern zu erfahren. Auch wenn das Küchenpersonal der verschiedenen Lager zum Proviantzentrum kam, waren rege Gespräche untereinander im Gange. So erfuhr ich, dass sich im Lager 7, unweit von Lager 3, ein Amerikaner namens Homer Cox befand. Er war Berichterstatter in Westberlin gewesen und hatte seine Freundin im Osten besuchen wollen, als er vom MWD verhaftet wurde. Man hatte wohl vermutet, er sei ein Spion. Durch die Küche wusste er auch von mir, obwohl wir uns nie gesehen hatten. Ohne Einzelheiten zu erfahren, hörte ich von zehn Amerikanern, die im April 1950 über der Ostsee von den Sowjets abgeschossen worden waren. Angeblich waren zwei der Besatzung des Flugzeuges beim

Aufprall ums Leben gekommen. Die Überlebenden, deren Flug nun in Workuta endete, wurden für tot erklärt. Man teilte ihnen das mit, so dass sie sich niemals Gedanken machen sollten, jemals frei zu kommen. Es wüsste ja niemand, dass sie noch lebten. Für die acht Amerikaner war es Todesurteil und Hinrichtung zugleich.

In Workuta gab es eine Anordnung, dass kein Häftling länger als ein Jahr im gleichen Lager gehalten werden sollte, so dass kein allzu persönlicher Kontakt zu Vorgesetzten oder untereinander entstehen konnte. Dadurch sollten Gedanken an Ausbruch oder Flucht verhindert werden. Trotzdem versuchten die verantwortlichen Lageroffiziere Häftlinge, die die wenigsten Schwierigkeiten machten, zu behalten. Andere wurden zwei-, dreimal im Jahr versetzt. Ich fürchtete eine Versetzung, man begann wieder ganz von vorn und mit der schwersten Arbeit. Zwangsläufig entwickelte man „Freundschaften" im Lager. Ganz allein hatte man keine Chance. Die meisten in meiner Baracke betrachtete ich als Freunde, die Frage des Vertrauens allerdings war für mich eine andere. Mir schien, dass die gutmütigsten Menschen die waren, die am meisten litten. Unter diesen außergewöhnlich widrigen Lebensumständen ließ sich das Verhalten der Machthabenden gut analysieren. Etwa 25 Prozent der Posten hatten Freude am Schmerz und Leid der Gefangenen. Sie suchten jede Gelegenheit, einen Häftling quälen oder erschießen zu können. Die meisten, etwa 50 Prozent, verhielten sich neutral, sie folgten anstandslos ihren Befehlen und gaben sich ungerührt. Und ein Viertel versuchte nach Möglichkeit zu helfen, manchmal gar unter Einsatz des eigenen Lebens. War das das Wesen der Menschheit?

Im Vergleich zu Mühlberg und Buchenwald, wo unter den jungen Jahrgängen viel Homosexualität betrieben wurde, war in Workuta aufgrund der klimatischen Bedingungen und härtester Arbeit kein Verlangen nach sexuellen Erlebnissen bekannt. Das Leben war unnormal geworden.

Das Abhalten von Gottesdiensten war strengstens verboten. Jede Art religiöser Handlung wurde schwer bestraft. Und doch fanden geheime Treffen der Gläubigen statt. Ort und Zeitpunkt wurde von Mund zu Mund unter den Christen weitergegeben. Dies musste unter allen Umständen geheim bleiben, man hätte die „Veranstalter" auf das Schwerste gefoltert. Wurde man entdeckt, mussten die Teilnehmer nach der erschöpfenden Arbeit weitere vier bis sechs Stunden schuften. Die Strafarbeit bestand aus Schnee schaufeln oder dem Aufbau von Einbrüchen im Bergwerk. Pater Janis Schiwokas wurde verraten, als er Gottesdienst hielt. Fünf Tage Karzer, Hände und Füße an den Wänden gefesselt, einen Betonklotz zwischen den Beinen und nur drei „Mahlzeiten“ während der fünf Tage in einer Zelle, so groß wie ein Telefonhäuschen, in eisiger Kälte. Er überlebte diese Tortur und wurde ein zweites Mal verraten. Der Karzer folgte. Nachdem er ihn wiederum überstand, fragte ich ihn, ob es ihm das wert gewesen war. „Nie war ich Christus näher, als in diesen Tagen im Karzer!“ So fühlte er. Als man ihn das dritte Mal überraschte, brach man ihm beide Arme mit einer Eisenstange, bevor er wieder in den Karzer kam. Er sollte, wie die Posten sagten, seine Hände nie wieder zum Gebet falten können.

Die ersten Gottesdienste, an denen ich teilnahm, wurden von Pastor Rosenberg aus Lettland gehalten. Er war vor seiner Verhaftung Pastor der Evangelischen Kirche in Riga. Dort wollte man seinen Kirchturm als Antenne benutzen, aber das Kreuz war im Wege. Der Leiter der Jungkommunisten gab Befehl, einen Strick am Kreuz anzubringen, um es herunterzuziehen. Der Strick wurde befestigt, doch man weigerte sich, das Kreuz zu Boden zu reißen. Der Jungkommunist wurde wütend, nahm den Strick selbst in die Hand und zog. Das Kreuz kam herunter und erschlug ihn. Pastor Rosenberg wurde daraufhin verhaftet, zu 25 Jahren verurteilt und nach Workuta verbannt. Wie lange er schon im Lager war, bevor ich nach Workuta kam, ist mir nicht bekannt. Etwa zwei Jahre lang hielten wir alle drei Wochen einen Gottesdienst. Die Russen schienen nichts zu bemerken. Eines Tages erhielt Pastor Rosenberg die Nachricht, dass er am nächsten Morgen entlassen würde. Am Abend zuvor verabschiedete er sich von seinen Freunden. Zu mir sagte er, er glaube nicht daran, nach Lettland zurückkehren zu dürfen. Sollte es aber doch möglich sein, wollte er den US-Behörden von meinem Schicksal berichten. Am Morgen fand man seinen leblosen Körper vor dem Tor.

Trotz des Verlustes von Pastor Rosenberg führten wir weiterhin Gottesdienste durch, oft auch ohne Leitung. Sie fanden im tiefsten Teil des Bergwerkes statt, am Ende der vorgetriebenen Tunnel. Die Gase waren dort am stärksten und kein Posten wagte sich dorthin. Die 22 Mann meiner Brigade hatten bestimmte Tagesaufgaben zu leisten. Wenn das Soll nicht erfüllt wurde, gab es am nächsten Tag halbe Ration. Wenn ich zum Gottesdienst gehen wollte, musste ein Häftling aus meiner Brigade meine Arbeit übernehmen. Sogenannte Atheisten hatten kein Verständnis für das Verhalten der Gläubigen. Das Leben

der Brigade war gefährdet. Wir meldeten uns scheinbar zur Toilette ab. Die Toiletten an der Oberfläche wurden von allen, wenn irgend möglich, gemieden. Die 40 bis 50 Grad Kälte waren kaum zu ertragen. Das wir dort ein oder zwei Stunden zugebracht haben wollten, war unwahrscheinlich. Einige Häftlinge drohten, uns umzubringen, sollten sie uns beim Gottesdienst erwischen.
Die Gottesdienste selbst waren einfach, doch für uns so bedeutend. Im Lager waren die Gläubigen untereinander eins, man fragte nicht nach kirchlicher Zugehörigkeit. Wir summten immer wieder die gleichen Töne am Anfang und am Ende der Treffen. Ich kannte die Worte nicht. Die 30 oder 40, die zum Gottesdienst anwesend waren, vertraten mehrere Nationen. Russisch war auch hier die gemeinsame Sprache. Auf die Frage, ob jemand einen Bibelvers vortragen könne, blieb alles stumm. Keiner hatte sich Bibelverse gemerkt. Viele waren nie zuvor in die Kirche gegangen. Ich ja auch nicht. Nach mehrmaligem Fragen ergriff einer das Wort. Er sei nicht sicher, aber als er auf Omas Knien gesessen hat, hat Oma Gottes Wort so zitiert. Da sprang ein Zweiter auf: „Das erinnert mich, es war nicht ganz so, sondern so!“ Wir haben uns untereinander gestärkt. Auch die Berichte, was der eine oder andere als besondere Gnade Gottes empfunden hat, gab uns allen neuen Mut.

Für viele begann der Glauben in den Lagern von Workuta, als im Frauenlager „Ziegelwerk 2“ etwas Überwältigendes geschah. Drei katholische Schwestern waren verhaftet worden, weshalb, wussten sie nicht. Sie mussten ihre Nonnenkleidung ablegen und Häftlingskleidung tragen. Sie wurden mit tausenden anderen Frauen hinaus in den Schnee getrieben, um Lehm für die Ziegelherstellung aus der gefrorenen Erde zu brechen. Als der Schnee entfernt war und das Lösen des Lehmes beginnen sollte, hatte der Wind neuen Schnee geweht. Viele Frauen hackten verzweifelt. Andere trugen Lehm ab. Die drei Nonnen weigerten sich zur Arbeit. Sie sahen im stalinistischen System den Teufel. Sofort wurden sie in den Karzer gesperrt, dort an die Wand gekettet und fünf Tage der arktischen Kälte ausgesetzt. Danach trieb man sie wieder zur Arbeit, wieder verweigerten sie sich. Diesmal wurden sie in Zwangsjacken geschnürt und mit Wasser übergossen, so dass der Frost ihnen das Atmen fast unmöglich machte. Wieder mussten sie zur Arbeit antreten, wieder ein „Nein!“. Leutnant Antraschkewitsch, der später als Strafoffizier nach Lager 3 versetzt wurde, gab Anordnung, die drei Frauen auf eine Anhöhe zu bringen, wo sie sich zur Arbeit bereit erklären oder erfrieren sollten. Als die Posten die drei Nonnen ins Lager zurückbrachten, wurden sie bestraft, denn die Frauen wiesen keinerlei Anzeichen von Erfrierungen auf. Andere Posten wurden ausgerüstet, um die Frauen zu bewachen. Wieder kein Zeichen von Frost. Und wieder schaute Antraschkewitsch sich nach noch zuverlässigeren Posten um und drohte ihnen, sie zu erschießen, würden die Frauen abermals unversehrt zurückkommen. Als sie die Anhöhe erreichten und der Wind und die Kälte unbarmherzig in ihre Glieder kroch, gaben die Posten den Frauen Befehl, ihre Kappen und Handschuhe wegzuwerfen. Mit kahl geschorenen Köpfen und ausgestreckten Händen knieten sie im Schnee und suchten Gottes Hilfe. Im Lager hatte Antraschkewitsch die Offiziere und die Lagerinsassen zusammengetrommelt, um die tödliche Konsequenz einer Arbeitsverweigerung zu demonstrieren. Als nach acht Stunden Frost, Wind und Schnee die Posten mit den unversehrten Frauen zurückkehrten, waren die Offiziere erschüttert. Es schien eine höhere Macht als die im Kreml zu geben. Die Häftlinge aber jubelten. Es gab jetzt etwas, gegen das die Knechte des Bösen ohnmächtig waren. Jeder, der Workuta überlebt hat, weiß von diesen drei Nonnen.

Wenn sich die Gelegenheit an meinen freien Tagen ergab, versuchte ich mich mit Sandor Nemeth, einem ungarischen Arzt, zu treffen. Er sprach etwas deutsch und ein wenig englisch und zwischen uns begann sich eine Freundschaft zu entwickeln. Gelegentlich wurde er von Tuberkulosekranken aufgesucht, die kaum Überlebenschancen hatten. Sandor war überzeugt, mit Hundefett könnte man ihnen helfen. Wir entwickelten einen Plan. Einige Posten führten Hunde oder sie liefen an Ketten in der Schießzone. Sie waren äußerst scharf und es schien unmöglich, an ein solches Tier heran zu kommen. Zu dieser Zeit führte mich meine Arbeit einmal täglich ins Kesselhaus, wo sich ab und an ein Posten aufwärmte und dieser führte einen Hund. Es war ein großes, schwarzes, zottiges Tier, dem eine freundliche Lebensaufgabe sicher lieber gewesen wäre, als uns zerfleischen zu müssen. Bei jedem Zusammentreffen sprach ich mit diesem Hund und lies, wenn möglich, Sandor kommen. Ein halbes Jahr verging, der Hund kannte uns nun und begrüßte uns freundlich. Eines Tages, wieder kam der Posten mit seinem Hund, schlief dieser in der wohligen Wärme des Kesselhauses ein. Sandor war mit mir, wir mussten diese Gelegenheit nutzen. Leise lockten wir das schwarze Tier in den Nachbarraum. Wir durften nicht zögern. Ich sprach mit dem Hund, Sandor schlich von hinten an ihn heran und zerschlug ihm das Genick. Er war sofort tot. Wir trugen ihn zur Hintertür hinaus, vergruben ihn so schnell wie möglich im Schnee und verschwanden. Etwa ein halbes Jahr mieden wir diesen Ort, an dem der Hund lag. Sandor schien das Ganze sehr gelassen zu nehmen. Ich hatte gewaltige Angst. Im Lager wusste niemand von unserer grausigen Tat und nun war genug Zeit vergangen. Wir begannen, uns jede Woche ein Stück des Hundefleisches zu holen. Sandor schnitt Fett heraus und gab es Tuberkulosekranken. Niemand fragte, woher er es hatte.

Sandor hatte sich unter den Offizieren einen guten Namen gemacht. Auf Grund der widrigen Lebensbedingungen klagten sie unter anderem über Potenzschwierigkeiten. Sandor hatte das Allheilmittel dagegen. Er empfahl Aloevera aus dem Süden zu beschaffen. Und um die fleischigen, zarten Blätter unversehrt zu transportieren, müsse man die Pflanze in Honig legen. Die Russen ließen tatsächlich in Honig eingelegte Aloevera nach Workuta kommen. So hatten die Russen ihr Potenzmittel und Sandor Honig für die Kranken.

Am 1. Januar 1951 konnte Schumburitze, mein Vorgesetzter und KGB-Offizier, mich nicht mehr auf der Oberfläche behalten. Dazu kam, dass die brutale Kälte schon zu tief in meinen Knochen saß, so dass ich bereit war, in die zwar enge, aber windgeschützte Tiefe des Bergwerkes zu gehen. Ich war dankbar, in der Transportabteilung bleiben zu können und nicht auf den Knien oder den Hüften zehn Stunden am Tag liegen und Kohle schaufeln zu müssen. Im Bergwerk befanden sich ausschließlich Häftlinge. Posten oder Offiziere setzten sich dieser Gefahr nicht aus. Einzige Ausnahme war das Stocken der Produktion. Dann prüfte ein Offizier vom Aufzug aus die Situation. Sie wagten sich nie weiter als 100 Meter vom Aufzug.
Die Gefahr eines Erdrutsches oder Deckeneinbruches war in dem kilometerlangen Tunnel ebenso groß wie im Abbaugebiet des Kohleflözes. Doch im Tunnel war mehr Luft und der Fluchtweg näher. Wir waren zu zweit im Tunnel, der gerade so breit war, dass ein Wagon durchpasste, aber er war kilometerlang. Wenn Kohle von den beladenen Wagons fiel, bestand die Gefahr, das die Wagons entgleisten und die Deckenstützen wegrissen. In unserem Schacht hatten wir fast täglich Tote. War es ein größerer Einbruch, wurden die Toten nicht geborgen. Für eventuell noch Lebende unternahm man keine Rettungsversuche. Die Häftlinge hätten ihren Kameraden gern geholfen, aber fast immer folgten weitere Einbrüche und der Aufenthalt in diesem Gebiet war außerordentlich lebensgefährlich. Häftlinge, die geborgen werden konnten, wurden an der Oberfläche begraben. Es gab in jedem Lager spezielle Beerdigungskommandos. In Workuta liegen etwa eine Million Menschen im ewigen Eis.

Für mich war jeder Tag unendlich lang. Aber in meiner Baracke gab es Häftlinge, die bereits von Beginn an in Workuta waren, das heißt, seit den Unruhen im Spanischen Krieg 1935/36. Die 15 oder 16 Jahre in Workuta hatten sie zur Verzweiflung getrieben. Für sie gab es keinerlei Hoffnung. Die tägliche Schufterei im Bergwerk war ihnen so unerträglich geworden, dass sie nur noch ein Gedanke beschäftigte, ihr Schicksal in die eigenen Hände zu nehmen und sich arbeitsunfähig zu machen. Das hieß halbe Ration. Dann waren die Tage gezählt, ein langsamer Selbstmord. Manche Häftlinge verwundeten sich und schmierten Kohle in die Wunde. Die Folge waren hohes Fieber und schwere Entzündungen. Es sah grauenvoll aus und dauerte dann auch nicht mehr lange. Ein Kalmück, ein Asiate aus meiner Baracke war völlig verzweifelt. Ich schlief fest, als mich ein Schrei weckte. Er hatte von irgendwoher ein Beil besorgt und sich die komplette Hand abgehackt. Die Häftlinge versuchten, die Blutungen zu stillen. Um 4.30 Uhr, als die Baracke geöffnet wurde, nahm man ihn ins Lazarett. Er wurde nie wieder gesehen.

600 Kilometer entfernt von der nächsten Zivilisation verwarf man den Gedanken an Flucht immer wieder. Es war fast unmöglich und doch gelang es zweien, nach Moskau zu kommen. Eines Abends, beim Nachtappell, wurden zwei Häftlinge, ehemalige MWD-Offiziere, vermisst. Der Teufel war los, das Lager wurde drei Wochen lang auf den Kopf gestellt. Alle Überwachungsmaßnahmen wurden verschärft, jeder zweite verhört. Ein spezielles Suchkommando aus Moskau traf ein. Es war alles ohne Erfolg, sie waren spurlos verschwunden. Fast ein Jahr später wurden beide zum Lager 3 zurückgebracht. Sie sollten zeigen, wie sie entkommen waren. Ob es so war, wie sie es schilderten, ich weiß es nicht. Sie behaupteten, sich in einem Berg gefrorener Sägespäne im Lager versteckt zu haben, bis wieder Ruhe eingekehrt war. Mit Uniformen und MWD-Ausweisen kamen sie unbemerkt durch das Tor zum Bahnhof. Beiden gelang es, in Moskau wieder in entsprechende Funktionen zu kommen, bis einer von ihnen schwer erkrankte. Er wurde in das MWD-Krankenhaus eingeliefert. In hohem Fieber fantasierte er über seine Flucht. Als ihn sein Freund besuchte, nahm man beide fest. Nach genauer Prüfung wurden sie nach Workuta zurückgebracht. Nachdem man genug aus ihnen herausgeprügelt hatte, geschah das zu Erwartende. Sie wurden erschossen und auf den Weg vom Lager zum Bergwerk gelegt. Tagelang mussten wir hin und zurück über ihre Leichen steigen. Es war erschütternd, aber auch ermutigend, denn es war ihnen tatsächlich gelungen, zu fliehen. Und sie müssen Freunde gehabt haben. Es waren die einzigen aus meinem Lager, denen jemals eine Flucht gelang.

Im April 1952 kam Schumburitze zu mir. „Ich habe eine andere Arbeit für dich, Amerikanitz. Die Bergwerksleitung braucht jemanden, ihr Bad in Ordnung zu halten. Man hat mich beauftragt, einen vorzuschlagen, der für diese Arbeit in Frage kommt." Das Bad war der sauberste und wärmste Platz in ganz Workuta. Ein Garderobenzimmer, ein Umkleidezimmer, das Bad, Wanne und Dusche. Jeder, der zehn MWD-Bergwerksoffiziere hatte seinen eigenen Spind. Es war eine meiner Aufgaben, ihre Uniformen zu säubern und zu trocknen. Ihre MWD-Pässe und sonstigen Papiere hatten sie noch in den Taschen, man brachte mir also großes Vertrauen entgegen. Immer, wenn die Offiziere aus dem Bergwerk kamen, verlangten sie weiße Bettlaken auf dem Boden vom Umkleidezimmer zur Dusche, um ihre Füße nicht staubig zu machen, bevor sie sich anzogen. Öfters war ich mit einem Offizier allein, der dann gern die Gelegenheit nutzte, mich zu fragen: „Na, Amerikanitz, wo gefällt es dir besser, in der USA oder hier?" und „Wie ist dieses oder jenes in den USA?" Alles wollten sie nicht glauben, die Lebensumstände waren wie Tag und Nacht. Sie fragten zum Beispiel: „Wenn in Washington im Senat eine Abstimmung stattfindet, ist es wohl nicht immer einstimmig. Werden die in der Minderheit erschossen?" Demokratie war hier nicht vorstellbar.

Den Umstand, dass mir immer wieder Vorteile durch „gute" Arbeitsplätze zuteil wurden, konnte ich mir lange nicht erklären. Schumburitze gab mir eines Tages die Antwort. Ich hatte mir die russische Sprache angeeignet und es war bekannt, dass ich niemals fluchte. Das war für die Russen ungewöhnlich und machte offenbar einen vertrauenerweckenden Eindruck. Das Fluchen gehörte bei ihnen zum normalen Sprachgebrauch und war dazu extrem vulgär. So hatte man mir auch die Arbeit im Bad gegeben, indem ich freien Zugang zu den Pässen der Russen hatte. Scheinbar waren es Kleinigkeiten, die mir aber möglicherweise das Leben gerettet haben.

Die Offiziere waren mit ihren Familien außerhalb des Lagers einquartiert und hatten ihre Dienstzeit im Lager zu verrichten. Wenn zwei oder mehr Offiziere im Bad waren, wurde mit mir kein freundliches Wort gesprochen. „Rap, Sklave, tu dies" oder „Rap, tu das." Kam aber einer von zu Haus und war allein bei mir, legte er ein Stück Käse auf den Tisch und verlangte, den Tisch sauberzuhalten. Mir ein Stück Käse in die Hand zu geben, wäre undenkbar gewesen. Ich hätte es erzählen können und der Offizier wäre verurteilt worden. Gelegentlich kamen die Frauen oder Familien der Offiziere zu mir ins Bad. Die Frauen bevorzugten die Wanne, die es Zuhause nicht gab. Das Badehaus im Zentrum

Workutas hatte keine Wanne. Die Zeit im Bad war Erholung für mich, wenn es auch anstrengend war, da jedes meiner Worte auf die Goldwaage gelegt wurde und ich sehr vorsichtig sein musste. Ich hatte 24 Stunden im Bad zu arbeiten und war 24 Stunden im Lager. Mit Ausnahme von Schulski verstand ich mich mit den Offizieren recht gut. Mit Schulski hatte ich zwar keine Probleme, aber er war mir nicht geheuer. Schulski war ein Komi und wie die meisten, nur etwas über einen Meter groß. Auch Scholopow entstammte diesem Volk, war aber einer der freundlichsten Offiziere. Wenn die anderen Zuhause waren, nutzte er oft die Gelegenheit, zu mir ins Bad zu kommen. Sein Gespräch begann immer mit Fragen, ob ich denn davon oder davon schon gehört hätte. Auf diese Art versuchte er mich über das Weltgeschehen zu informieren.
Wieder einmal kam er zu mir. Er schien mir etwas sagen zu wollen, druckste aber nur über Belangloses herum. Wir hatten den 5. März 1953. Am nächsten Morgen wurde es offiziell bekannt gegeben: Stalin war tot. Es gab keinen Jubel, es gab keine Trauer. Man hatte sich an Stalin gewöhnt, kannte seine üblen Seiten. Wer wird sein Nachfolger? Was wird er tun? Wird es noch schlimmer oder wird ein neuer, ein warmer Wind wehen? Die vielen Gerüchte, dass Stalin schon seit 1928 tot gewesen sei, kamen wieder auf. Stalin war 1928 schwer erkrankt. Bis dahin war er als ein Mann mit eisernem Willen, der keinen Widerspruch duldete, bekannt. Nach seiner Genesung zeigte sich ein anderer Stalin. Viele glaubten, er wäre seiner Krankheit erlegen und man hätte ihn ausgetauscht. Doch das spielte nun keine Rolle mehr. Der jetzige Stalin war tot. Würde der neue Führer etwas ändern, vielleicht sogar Amnestien erlassen? Mit Hochspannung und voller Hoffnung verbrachten wir die nächsten Tage. Doch die einzige Veränderung war das plötzliche Eintreffen Tausender und Abertausender von neu verhafteten Juden und Ostjuden in Workuta. Scholopow brachte mir die Nachricht über die Unruhen in der DDR, die am 17. Juni 1953 stattgefunden hatten. Genaues wussten wir nicht, aber es gab uns Mut, dass Menschen die Freiheit suchten und sich gegen das Regime auflehnten.
Kurz darauf kamen etwa 12.000 junge Polen nach Workuta. Sie gehörten zu den 25.000 Studenten, die vom Aufstand in Berlin ermutigt, in Polen für mehr Mitspracherecht an den Hochschulen und Universitäten demonstriert hatten. Scholopow hatte also die Wahrheit gesagt, mein Vertrauen zu ihm wuchs.

Am 10. Juli 1953 schlug die Nachricht von der Verhaftung Berijas, dem Leiter des MWD, der sowjetischen Staatssicherheit, wie eine Bombe ein. Millionen hatten die Unterschrift Berijas auf ihrem Urteil. Jetzt war er zum Landesverräter erklärt. Konnte das die Entlassung von Millionen bedeuten? Überall machte sich Unruhe breit. Die ersten Arbeitsverweigerungen fanden im Lager Karaganda statt. Scholopow stachelte uns auf, dass Gleiche zu tun. Mit Berijas Sturz war das mächtigste Organ der UdSSR gespalten.

Am 12. Juli schloss sich das erste Lager in Workuta dem Aufstand an. Ein ehemaliger russischer General und Diplomat mit Namen Gorewitsch, der als Militärattaché in Paris tätig gewesen war und aus unbekanntem Grund zu 25 Jahren Zwangsarbeit verurteilt wurde, übernahm die Leitung des Aufstandes. Jeden Tag schlossen sich weitere Lager in Workuta dem Widerstand an.

Am 24. Juli war auch mein Lager bereit. Es befand sich am Rande des Kohlevorkommens, war aber weithin sichtbar. Bis zum Zentrum Workutas waren es gut zehn Kilometer. Dort war die Kommandozentrale der Sowjets stationiert und daneben Kapitalni, das Vorzeigebergwerk. Die Häftlinge im „Kapitalni" hatten keine Information, zumindest hatten sie keine Ahnung über den Umfang des Aufstandes. Gorewitsch konnte von dort also keinerlei Unterstützung erwarten. Scholopow, einer der MWD-Offiziere, der wie viele andere an der Menschlichkeit des Stalinismus zweifelte, hielt mich über die Ereignisse in den Lagern der Umgebung auf dem Laufenden. Über solche Wege kam auch Gorewitsch an die nötigen Informationen aus den verschiedenen Lagern.
Das sich in der ganzen UdSSR schon über 5 Millionen Häftlinge und Zivilisten im Aufstand befanden, um das Joch des Regimes zu brechen, wussten wir zu diesem Zeitpunkt noch nicht.

In den Lagern wurden Streikkomitees mit einer Stärke von 20 Mann gebildet und verschiedene Aufgaben verteilt. Ich war Mitglied des Streikkomitees in meinem Lager und sollte die Offiziere bewegen, das Bergwerk zu verlassen. Am 12. Juli 1953, legte Gorejewitsch dem Lagerkommandanten Derewjenkow unser Ultimatum vor. 15 Punkte hatten wir festgelegt, unter anderem die Entlassung aller, die noch fünf Jahre oder weniger Haft vor sich hatten und die Neuverhandlung der Urteile aller anderen. Das hätte die Vernehmung von etwa 25 Millionen Menschen bedeutet. Kein sowjetischer Offizier sollte das Lager ohne Genehmigung der Streikleitung betreten. Ein weiterer Punkt war die Schreiberlaubnis für alle Häftlinge und die Baracken über Nacht geöffnet zu lassen. Es war ein gewaltiges Ereignis und ich war Feuer und Flamme. Das Regime musste gestürzt werden.

An diesem Tag war ich im Offiziersbad. Die Nachtschicht war unter Tage, die Tagschicht hatte schon das Lager verlassen und war am Bergwerk angekommen. Meine Aufgabe war klar. Die Offiziere sollten friedlich bleiben und durften keine Schwierigkeiten machen. Die Nachtschicht musste ungehindert nach oben kommen können, sonst hätten wir tausend Tote. Zwei leitende Offiziere der Nachtschicht waren noch unten im Bergwerk und wussten von nichts. Die Telefonleitung nach unten wurde gekappt. Die Offiziere für die Tagschicht trafen ein, überrascht, dass die Häftlinge die Werkzeuge und Lampen noch nicht abgeholt hatten. Ich sollte dafür sorgen, dass die Offiziere keinen Widerstand leisten oder gar den Strom abschalten, was der Nachtschicht den sicheren Tod gebracht hätte. Ich musste sie überreden, nach Hause zu gehen. Mein Puls ging schneller, es war eine so große Verantwortung und ich war heilfroh, das Scholopow als erster ins Bad kam. Er gab mir einen freundschaftlichen Klaps auf die Schulter: „Endlich habt ihr den Mut, die Arbeit niederzulegen. Ich gehe nach Hause." „Warte!", rief ich ihm nach, als er seinen Mantel anzog. „Nimm Schulski mit!" Scholopow sah ein, dass Schulski eine Gefahr für uns sein konnte. Ich schaute den langen schmalen Gang zur Zentrale hinunter. Schulski kam schon gerannt, warf seinen Mantel in meine Arme und verlangte seine Bergwerkskleidung. Ich stand mit seinem vor Orden klimpernden Mantel, als Scholopow ihn beschwor, dass er nicht lebend aus dem Schacht kommen würde, wenn er die Häftlinge zur Arbeit zwingen wolle. Langsam zog er seinen Mantel an. „Du siehst krank aus.", sagte Scholopow zu ihm und nahm ihn beim Arm mit hinaus. Die Offiziere kamen einer nach dem anderen den schmalen Gang entlang in meine Richtung. Schnell holte ich ihre Mäntel aus dem Spind und hielt sie ihnen bereit. Etwas erstaunt sahen sie mich an, lächelten und gingen nach Hause. Der letzte war Belajew. Auch ihm hielt ich seinen Mantel bereit. Selbst er lächelte mich an und flüsterte fast, er sei krank und könne zu Hause gefunden werden, sollte jemand nach ihm fragen. Während dieser Stunden schlug mein Herz noch schneller als zuvor. Die Offiziere waren weg. Die Nachtschicht kam aus der Tiefe. Alle Häftlinge gingen ordnungsgemäß zurück ins Lager, aber die Angst blieb. Wir glaubten, uns etwas entspannen zu können. Derewjenkow wurde ins Lager gelassen, um zu uns zu sprechen. Er habe die Forderungen der Häftlinge erhalten und nach Moskau weitergeleitet. Sobald die Antwort von dort kommt, werde er uns wieder ansprechen. Bis dahin sollten wir ruhig bleiben und keinen Unfug treiben. Die Verpflegung wird weiterhin zugeteilt.

Die Julitage waren die wärmsten, die Workuta in hundert Jahren erlebt hatte. Es schien, als ob der Himmel auch auf unserer Seite war. Aber das Warten in diesen Tagen war unerträglich, denn gewöhnlich kommt nach der Ruhe der Sturm. Wir fühlten uns wie ein Zug auf einem toten Gleis. Es gab keinerlei Informationen, was in der Welt, in Moskau und selbst in Workuta geschah.
Am 10. Juli gab man offiziell bekannt, dass Berija, der gefürchtete Mann aus dem Kreml, erschossen worden sei. Schießereien in den Gängen des Kremls waren seit Stalins Tod an der Tagesordnung. Die Machtposition des MWD war gebrochen und die Rote Armee gestärkt. Zwischen den beiden bewaffneten Einheiten bestand ein Hass, den die Regierung nur zu gerne sah und forcierte. Der Hass zwischen diesen beiden Einheiten war so groß, dass man in einem Restaurant niemals einen MWD-Offizier und einen Rotarmisten an einem Tisch sehen würde. Die Familien heirateten nicht untereinander. Diese Trennung gab der Regierung Macht. Wir hatten keine Waffen, nichts in den Händen, aber einen eisernen Willen, das Regime in die Knie zu zwingen. Wir hatten uns gegenseitig geschworen, die Opposition durchzuhalten und wenn es auch unser Leben kosten würde.

Am 22. Juli sahen wir die ersten Zeichen einer Antwort auf unsere Bedingungen. Es kamen Truppen des MWD aus Moskau zur Verstärkung unserer Bewachung nach Workuta. Der Karzer oder „Burr“, wie er hier genannt wurde, befand sich unmittelbar am Zaun des Lagers, Zugang war von innen und außen möglich. Im Karzer befanden sich drei Häftlinge, keiner wusste, aus welchem Grund. Wir wollten sie unter allen Umständen befreien und versuchten es mit Gewalt. Unter der Außenbewachung brach Unruhe aus. Ich stand etwa 15 Meter von den Truppen entfernt, nur durch Stacheldraht und die Schießzone getrennt. Mein Herz stand still, als die Soldaten ihre Waffen auf uns richteten. Wie versteinert starrte ich in 50 Gewehrmündungen. Plötzlich eröffneten sie das Feuer. Die meisten Soldaten schossen in die Luft, doch ein Teil nahm uns direkt ins Visier. Der Kopf des Häftlings unmittelbar neben mir explodierte, sein Blut spritzte über mich. Er fiel, ich suchte Schutz hinter seinem Körper. Andere stürzten zu Boden, entweder tot oder um Schutz zu suchen. Die Schießerei wollte nicht enden. Es waren nur zehn Sekunden. Es waren die längsten meines Lebens. Neun Häftlinge waren sofort tot, 30 andere schwerverletzt. Das wir im Lager eine Lazarettbaracke hatten und Ärzte, die ebenfalls Häftlinge waren, hat vielen das Leben gerettet. Ein aus dem Karzer Befreiter war unter den Toten. Die Posten hatten offensichtlich die Karzerbefreiung als Ausbruchversuch verstanden und wollten das unter allen Umständen verhindern.

Keiner von uns konnte in dieser Nacht die Augen schließen, der Horror saß uns in den Knochen. General Maslenikow, der mit zwei Divisionen zur Verstärkung nach Workuta gekommen war, ging von Lager zu Lager, die Sklaven zu Gesicht zu bekommen.

Am 29. Juli kam er mit seinem Stab, seinem persönlichen Schutz, auch zu uns. Da schon Blut vergossen worden war, war die Stimmung sehr gereizt und er machte keinen sicheren Eindruck. Wir sollten uns versammeln. Zögernd folgten wir der Anordnung. Wir wollten ihm unsere Geschlossenheit zeigen. Der General forderte uns auf, unsere Beschwerden auszusprechen. Als sich keiner zu Wort meldete, wurde er ungehalten. Er betonte, ein jeder habe die Freiheit, seinem Unmut Luft zu machen, ohne das jemand dafür leiden wird. Das Schweigen hielt an. Wieder versicherte er Redefreiheit. Nach mehreren Beteuerungen traten 18 Mann vor. Es beeindruckte mich, als der Erste stolz und laut sprach. Er war Geschichtsprofessor an der Universität in Leningrad gewesen und erklärte, dass Sklaverei in den vergangenen Jahrhunderten weltweit betrieben wurde. Er beschrieb das Leiden, die Ungerechtigkeit, die Unmenschlichkeit jener Zeiten. Dann sagte er: „Mir ist klar, dass ich wenigstens zehn zusätzliche Jahre Haft für meine Worte bekommen werde!" General Maslenikow unterbrach ihn und beteuerte: „Nein, nein, du kannst reden, es passiert dir nichts!" Der Professor sprach weiter: „Die Sklaverei, die wir heute in der Sowjetunion erleben, ist größer, furchtbarer, unmenschlicher, als alles bisher in der Geschichte Dagewesene!" Der Zweite, der sich zu Wort meldete, war, wie er sagte, ein glühender Kommunist. Er sei mehrmals im Krieg verwundet worden und wieder an die Front gegangen, bis er bewusstlos in Gefangenschaft geriet. Es war ihm gelungen, aus der Gefangenschaft auszubrechen und zu seiner Einheit zurückzukehren. Die Russen hatten grundsätzlich Order, zu kämpfen bis zum Tode, um niemals in feindliche Gefangenschaft zu geraten. Wer lebend aus Kriegsgefangenschaft kam, wurde wie er zu 25 Jahren Zwangsarbeitslager verurteilt. Stolz und voller Patriotismus begann er: „Ich war bereit, für den Kommunismus zu kämpfen und meinen letzten Tropfen Blut zu opfern. Jetzt aber, wenn ich erlebe, was ihr aus unserem Kommunismus gemacht habt, bin ich bereit, meinen letzten Tropfen Blut zu geben, dieses Regime zu stürzen!" Der Professor bekam keine zusätzlichen zehn Jahre. Er wurde, wie auch der zweite und alle anderen, die es gewagt hatten, zu sprechen, noch am gleichen Abend erschossen. Der General zog ins nächste Lager.

Am 2. August kam Maslenikow mit seinem Stab ins Lager 29. Dort wollte er eine andere Strategie anwenden. Die Menge drängte sich an das Haupttor. Maslenikow brüllte: „Alle in die Baracken!" Doch keiner bewegte sich. Er wurde unsicher, als er unsere Einheit erkannte. Drohend befahl er, vor dem Tor zur Arbeit anzutreten. Eine Handvoll folgte. Der General verlor seine Haltung und kommandierte die Freiwilligen wieder ins Lager. Im nächsten Moment gab er Befehl, zu schießen. Die Freiwilligen fielen zuerst, dann mehr und mehr und mehr. Wir in Lager 3 hörten das Schießen in 29. Manche hielten sich die Ohren zu, der Schall war furchtbar. Wenige Minuten später wurden Häftlinge mit Medizinkenntnissen aus Lager 3 über Lautsprecher aufgefordert, sich sofort am Tor zu melden. Wir ahnten, dass das Blutbad verheerend gewesen sein musste. 110 Tote und 600 Schwerverletzte kamen auf das Konto Maslenikows. Der berüchtigte General zog weiter. Lager 7 war sein Ziel. Eingeschüchtert durch das Massaker folgten sie dort dem Befehl, in ihren Baracken zu bleiben. Das Lager wurde von Soldaten besetzt und die Häftlinge einer Baracke wurden aufgefordert, das Lager zu verlassen. Man trieb sie unter strenger Bewachung einen Kilometer vom Lager und ließ sie ohne Worte dort stehen. Dann kam die nächste Baracke zum Heraustreten. Man stellte die Häftlinge vor die Wahl: „Seid ihr bereit, wie die erste Baracke zur Arbeit zurückzukehren oder wollt ihr alle erschossen werden?" Die Methode funktionierte. Die Räder im Schacht 7 begannen sich wieder zu drehen. Der Aufstand war gebrochen. Uns im Lager 3 fiel das Herz in die Hosen. „Schacht 7 arbeitet wieder!" Gorejewitsch, der Aufstandsleiter, verkündete das Geschehen im Lager 7 und befreite uns von dem Versprechen, bis zum Tode durchzuhalten. Alle Bergwerke in Workuta arbeiteten wieder. Aber der Widerstand in unseren Herzen lebte weiter. All die niedergemetzelten Opfer aus dem Lager 3, dem Lager 29 und dem Frauenlager, das völlig zerschossen wurde, sollten nicht umsonst gewesen sein.

Auch ich ging wieder zur Arbeit ins Bad. Die Offiziere waren freundlicher denn je. Scholopow war sehr gesprächig. Wenn wir allein waren, sprach er mir Mut zu, weiteren Widerstand zu leisten. Überall gäbe es Sabotageakte, selbst von Zivilisten in Workuta. Die Eisenbahnschienen, die Workuta mit den Stahlwerken in Leningrad und den Rüstungsbetrieben in Gorki verband, waren aufgerissen worden, so dass keine Kohle ankommen konnte. Der Zufluss des Wassers aus dem eiskalten Itschikafluss, der sieben Prozent Schwerwasser trug und zum Atomkraftwerk floss, sei gesprengt worden. In einem Schacht, der nicht am Aufstand teilgenommen hatte, wurde schwerer Schaden vermeldet. Die 7.000 polnischen Häftlinge aus Karaganda, von denen 2.000 im Lager 3 untergebracht wurden, brachten neue Widerstandsideen mit.

Am 6. August brach alles zusammen. Offiziere in der Verwaltung und einige vom Bergwerk, unter ihnen Derewjenkow, Belajew und Scholopow, wurden abgelöst. Was mit ihnen geschah, ist mir nicht bekannt. Noch am gleichen Tag wurden etwa 2.000 Häftlinge, von denen man wusste, dass sie für den Aufstand tätig gewesen waren, aus den verschiedenen Lagern in Workuta zusammengezogen und erschossen. Wie viele von den insgesamt 6,5 Millionen Aufständigen ihr Leben lassen mussten, wird man nie erfahren.

Zwei Tage später wurde über Lautsprecher eine Bekanntmachung durchgegeben, die mich sehr betroffen machte. 21 amerikanische Soldaten, die in Nordkorea gefangen genommen und nach China abtransportiert worden waren, sollten öffentlich bekannt gegeben haben, dass sie nicht in die USA zurückkehren wollten. Sie wollten im kommunistischen China eine neue Heimat finden. Mit diesem Bericht, dessen Inhalt den Amerikanern unter Zwang abgerungen wurde, brach der Widerstand in der Sowjetunion endgültig zusammen. Die Häftlinge, die sich einig gewesen waren, dass das sowjetische System gebrochen werden musste, waren verunsichert. Sie sahen plötzlich keinen Sinn mehr darin, für ein freies und gerechtes Leben zu kämpfen. Keine unserer Forderungen, die wir vor dem Aufstand gestellt hatten, wurde erfüllt, nur die Baracken im Lager wurden nachts nicht mehr verschlossen.

Neben den wenigen Häftlingen, die monatliche Schreiberlaubnis hatten, wurden keine weiteren zugelassen. Bis zur Weihnachtszeit blieb alles ruhig. Bisher war Selbstmord unter den Häftlingen relativ selten, jetzt kam er häufig vor. Der Mut zum Leben war gebrochen. Ich kann mich noch gut an den Heiligabend in jenem Jahr erinnern. Die 24 Stunden im Offiziersbad waren für mich um 18.00 Uhr beendet. Meine Ablösung war früher als sonst gekommen, er wollte in die Wärme. Der Weihnachtsgedanke wurde von den meisten nicht ernst genommen. Dazu kam, dass das orthodoxe Weihnachten erst eine Woche später gefeiert wurde. Im Norden waren die Tage zu dieser Jahreszeit ja äußerst kurz. Selbst zur Mittagsstunde hatte sich die Sonne nicht über den Horizont erhoben. Als ich den eineinhalb Kilometer langen Weg zwischen Bergwerk und Lager entlang ging, spielten schon die Nordlichter am Himmel, von grün über gelb-orange zu rot wurden die Farben wie von Peitschen getrieben, ein gigantisches Feuerwerk der Natur. Ein Ausdruck von unbändiger Macht am Himmel, als wollte er zeigen, wie klein wir Menschen doch sind. Ich hatte meine Kohlsuppe und den Fisch gegessen, als ich vor meiner Baracke ankam. Es war ruhig draußen, unter 40 Grad minus. Die Scheinwerfer, die das

Lager von den Wachtürmen erleuchteten, schienen wie Kerzen zum Himmel zu reichen. Die Luft war polarisiert, jedes Licht schien senkrecht zum Himmel. Es wehte kein Wind, was ankündigte, dass es noch kälter wurde. Ich blieb vor der Baracke stehen und dachte daran, was meine Mutter und mein Bruder wohl gerade tun würden, ob Vater noch in Buchenwald sein würde oder ob er gar in die Sowjetunion verschleppt worden war? Irgendwie spürte ich, dass er noch am Leben war, aber wo?

Unruhe herrschte in den Gängen des Schachtes 16. Ich musste herausfinden, was vor sich ging. Bevor ich noch das Bad verlassen konnte, um mich zu erkundigen, kam einer der Abteilungsleiter: „Amerikanitz, bring das Bad in beste Ordnung. Es kommen drei hohe Militärs aus Moskau, die das Bergwerk besichtigen, alles muss sauber sein!“ Ich sagte mir, das Bad ist immer in bester Ordnung, aber wer sind diese Drei, die da kommen? Ich legte drei saubere Uniformen bereit. Dann kamen sie. Major Bobenkow, angeblich der Kommandant der Bergwerkabteilung 2, Major Iwanow, Sicherheitsingenieur für die Bergwerkabteilung 2 und Major Tamara Aschelowna. Sie war die Chefin der Bergwerkabteilung 2. Die ersten beiden Ingenieure waren schnell umgezogen und hatten sich schon zum Aufzug begeben, um in die Tiefe zu fahren. Tamara Aschelowna nahm sich Zeit. Sie sprach gut englisch und begann, sich mit mir zu unterhalten. Sie erzählte mir, dass sie für die Bergwerke und die gesamte Kohleproduktion auf Spitzbergen verantwortlich gewesen war. Spitzbergen ist eine dänische Insel. Sie war während des Krieges sowjetischer Militärstützpunkt. Dort wurde auch Kohle gewonnen und verschifft. Vor kurzem hatten die Dänen darauf bestanden, dass die Sowjets die Insel verlassen und so kam sie nach Workuta. Bereits auf dem Weg zum Aufzug rief sie mir noch zu, mich in Abteilung 2 verlegen zu lassen, um dort das Bad zu versorgen. Ich erwiderte, es sei schon einmal der Versuch gemacht worden, mich abzuwerben, nur die Offiziere hatten mich nicht gehen lassen. Aber sie war schon um die Ecke.

Einige Wochen später, am Morgen des 5. März 1954, es war gerade mein Ruhetag, kam ein Posten zu mir und forderte mich auf, meine Sachen zu packen. „Du gehst auf Transport!" Aha, dachte ich, wahrscheinlich nach Abteilung 2, also hat sie mich doch abwerben können. Ich sollte mich sofort am Tor melden. Als ich dort ankam, waren schon etwa hundert Mann versammelt. Der Wind blies so heftig, dass man sich kaum auf den Beinen halten konnte. Man lies uns warten, um die weiteren Befehle zu empfangen. In der Menge erkannte ich einige, im Aufstand aktiv gewesene Häftlinge. Konnte es sein, dass wir aufgefallen waren und jetzt beseitigt werden sollten? Es kam Befehl zum Abmarsch. Wir marschierten zum Tor hinaus. Nirgendwo waren Fahrzeuge zu sehen, es gab keinerlei Anzeichen für einen Abtransport, es war ein Abmarsch. Ein Marsch durch den Schnee, tiefen Schnee. Der Wind hatte die ganze Nacht geblasen, Schnee war gefallen und lag in Hüfthöhe um das Lager. Es war Pulverschnee und wir hatten keine besondere Ausrüstung erhalten. Die meisten trugen nur ihre Kunstlederschuhe. Ich gehörte zu den einzigen drei Häftlingen, mit Filzstiefeln, da wir drei über Tage arbeiteten. Wir wurden von 25 Posten begleitet und einfach durch die Tundra getrieben. Einer der Posten brüllte: „Wer schlapp macht und liegen bleibt, wird erschossen!" Nach etwa einer Stunde konnte ich kaum noch die Füße heben, aber ich musste weiter. Als wir uns so durch den Schnee wühlten, ballte sich der Schnee bis an den Hals. Ich musste irgendwie auf den Beinen bleiben, immer die Gewehrmündungen auf uns gerichtet. Einige haben es nicht geschafft. Ich hörte ab und an einen Schuss fallen. Sie sind liegen geblieben und nie wieder aufgestanden. Wir sind acht bis zehn Kilometer durch den Schnee marschiert und als wir ankamen, befanden wir uns am Tor des Lagers 29. Es war das Lager, indem in den Tagen des Aufstandes soviel Blut vergossen wurde. Scheinbar sollten wir die Lücken schließen. Völlig erschöpft fielen wir auf die Bretter. Wie viele wir unterwegs verloren haben, weiß ich nicht. Ich hatte das Ziel erreicht, aber ich war völlig, wirklich völlig am Ende.

Diesmal wurde ich zu Holzladearbeiten kommandiert. Wir mussten große, lange Baumstämme aus den Güterzügen laden und für die Stempel zurechtsägen, die die Decken in den Schächten hielten oder als Verschalung für die Tunnel dienten. Diese Arbeit war unglaublich schwer. Die langen Stämme mussten per Hand aus den Eisenbahnwagons geladen werden. Sechs von uns gingen auf den Wagen und nahmen die 10 bis 12 Meter langen Stämme auf, erst in die Arme, dann auf die Knie, dann vor den Bauch, dann vor die Brust, dann bis zur Schulterhöhe und dann über die Seitenwand des Wagons. Die Stämme, die gebraucht wurden, um die Tunnel zu verschalen, waren etwa zwei Meter lang und 20 bis 30 Zentimeter im Durchmesser. Wir mussten sie vom Holzabladeplatz bis zum Aufzug des Kohlebergwerkes tragen, etwa einen halben Kilometer. Das war kein trockenes Holz. Es war irgendwo im Süden gefällt und auf Flüssen im Wasser transportiert worden, gefror dann und war doppelt so schwer, als es bei uns ankam.

In meiner Baracke war der Frisör untergebracht, der den Offizieren die Haare schnitt und sie rasierte. Ich hatte mich mit ihm angefreundet. Er war einer der wenigen, die Schreiberlaubnis hatten, aber er bekam nie Antwort und wollte nicht mehr schreiben. Jeder, der Schreiberlaubnis hatte, wollte für einen anderen Kameraden irgendwie Nachricht herausschmuggeln, so dass wenigstens die Angehörigen erfuhren, dass dieser noch am Leben war und er vielleicht erfahren konnte, wie es seiner Familie ging. Solche Kontakte durch eine Postkarte aufzubauen, die einmal im Monat geschrieben werden durfte, konnte sieben oder acht Monate dauern, oft kamen sie nie zustande. Das Problem war der Zensor, denn jede Karte, die rausging, wurde von ihm kontrolliert. Dieser Zensor prüfte auch die zurückkommende Karte, die nicht immer ihren Empfänger erreichte. Der Häftling schrieb das gleiche bei der nächsten Schreibgelegenheit wieder, wusste aber den genauen Inhalt nicht mehr, so dass der Zensor mehr von der Korrespondenz kannte, als der Häftling selbst. Diese Tyrannei wollte man sich nicht länger gefallen lassen. Der Plan ging auf. Ein Häftling versprach dem Zensor, beim nächsten Paket einen Füllhalter, sollte einer darin sein. Die Vermutung einer Bestechung wäre genug. Das nächste Paket enthielt einen Füllhalter, der Zensor nahm das versprochene Geschenk. Wie zufällig erfuhr der Lagerkommandant von seiner vermeintlich korupten Aufsicht. Daraufhin wurde der Zensor abgelöst, eingesperrt und ein neuer Zensor bestimmt. Dieser kannte die Schreibarten nicht, er kannte die Handschrift der einzelnen Häftlinge und ihre Vergangenheiten nicht. Jetzt kam für manch einen, der keine Schreiberlaubnis hatte, die Chance, eine Karte unter einem anderen Namen rauszuschicken. Voraussetzung war, dass er eine Karte hatte, die verschickt werden durfte. Der Frisör kam zu mir: „Willst du meine Karte benutzen?" „Oh, gern, aber wie kriege ich die raus? Das wäre die einmalige Chance, Nachricht in die freie Welt zu senden, dass ich noch lebe und wo ich bin!" Die Karten durften nur innerhalb der Sowjetunion oder der sowjetisch besetzten Gebiete versandt werden, aber da kannte ich niemanden. Doch ich hatte einen weitläufigen Verwandten in Westdeutschland, in einer kleinen Stadt namens Oberaula. Ein Oberaula in Ostdeutschland war mir nicht bekannt und ich hoffte, wenn die Karte nach Ostdeutschland käme, dass man sie vielleicht doch in den Westen weiterleiten würde.

Und so habe ich es gewagt. Ich teilte dem Frisör genau mit, was ich auf die Karte schrieb, offiziell war es ja seine und bei Befragung musste er jede Einzelheit wissen. Die Karte war an die Verwandten mit Oberaula – Deutschland adressiert. Sie war meine einzige Chance und ich wagte es, der Adresse „Amerikanische Zone" beizufügen. Die Karte wurde abgegeben und wir hofften und beteten, dass sie unbemerkt durchgehen würde. Es schien so. Doch eines Tages kam der neue Zensor zum „Frisiersalon", um sich frisieren zu lassen. Der Zensor hatte die Karte in seinen Händen. „Hast du die Karte geschrieben?", fragte er. „Ja, die habe ich geschrieben." Der Zensor meinte, er habe sie mit alten Karten verglichen, die Handschrift sei ganz anders. Der Frisör, fast in Panik, suchte nach einer Begründung: „Ich habe mir in den Finger geschnitten und musste die andere Hand benutzen, deswegen sieht es so anders aus." Der Zensor war skeptisch: „Ja, aber du bezeichnest dich als nobler Neffe?" Es war meine Idee, um den Verwandten einen Hinweis zu geben. Der Frisör hatte sich etwas einfallen lassen, lächelte und sagte: „Ja, Frisör ist doch ein nobler Beruf." Der Zensor meinte: „Diesmal werde ich die Karte durchgehen lassen, aber schreib nie wieder eine Karte an diese Leute, denn es sind keine Verwandten von dir." „Nein", sagte der Frisör, „Es sind Freunde von mir, sie wissen doch, wie man jemand manchmal Onkel und Tante nennt." „Gut." Der Offizier schien beruhigt. „Schneid meine Haare, rasier mich, aber ohne mich zu schneiden und ich lass die Karte durchgehen." Es war wie ein Wunder. Offensichtlich hatte sich der Zensor ausschließlich auf den Inhalt, nicht aber auf die Anschrift konzentriert. Dennoch, wir waren sicher, die Karte war im Papierkorb gelandet. Aber nein, die Karte war durchgegangen! Den ganzen Weg nach Westdeutschland, bis nach Oberaula. Meine Verwandten konnten mit dem Namen auf dieser Karte nichts anfangen, die Formulierung „nobler Neffe" jedoch machte sie stutzig. Sie schickten die Karte an meine Eltern nach Detroit in die USA. Meine Eltern erkannten meine Handschrift und gaben die Karte dem State Department, dem Auswärtigen Amt, als Beweis, dass ich noch am Leben war und von den Sowjets festgehalten wurde! Das Auswärtige Amt in Washington war nicht sicher, irgendwie helfen zu können, aber sie wollten es wenigstens versuchen. Dreißig Mal hatten die Sowjets schon geantwortet, dass sie mich nicht kennen und nie von mir gehört hätten. Achtmal hat das Auswärtige Amt aufgrund dieser Karte die Sowjets angesprochen und Auskunft verlangt. Alle acht Noten wurden nie beantwortet.

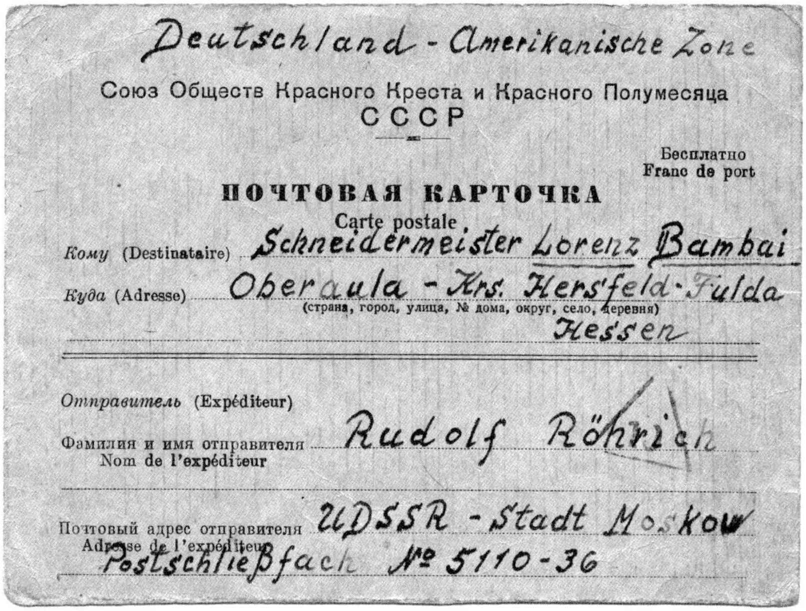

Deutschland - Amerikanische Zone

Союз Обществ Красного Креста и Красного Полумесяца
СССР

Бесплатно
Franc de port

ПОЧТОВАЯ КАРТОЧКА
Carte postale

Кому (Destinataire) Schneidermeister Lorenz Bambai

Куда (Adresse) Oberaula - Krs. Hersfeld-Fulda
(страна, город, улица, № дома, округ, село, деревня)
Hessen

Отправитель (Expéditeur)

Фамилия и имя отправителя
Nom de l'expéditeur Rudolf Röhrich

Почтовый адрес отправителя
Adresse de l'expéditeur UDSSR - Stadt Moskow
Postschließfach № 5110-36

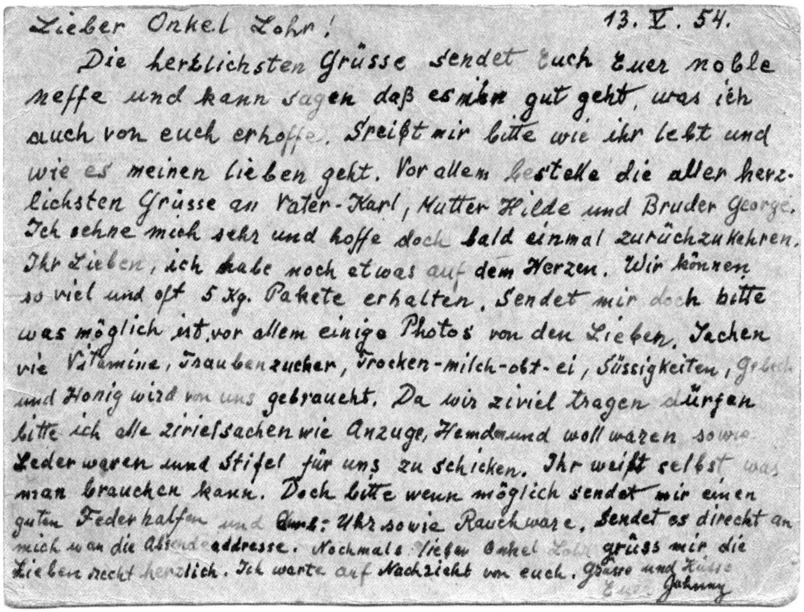

Lieber Onkel Lohr! 13. V. 54.

Die herzlichsten Grüsse sendet Euch Euer noble Neffe und kann sagen daß es mir gut geht, was ich auch von euch erhoffe. Schreibt mir bitte wie ihr lebt und wie es meinen lieben geht. Vor allem bestelle die aller herzlichsten Grüsse an Vater-Karl, Mutter Hilde und Bruder George. Ich sehne mich sehr und hoffe doch bald einmal zurückzukehren. Ihr Lieben, ich habe noch etwas auf dem Herzen. Wir können so viel und oft 5 Kg. Pakete erhalten. Sendet mir doch bitte was möglich ist, vor allem einige Photos von den Lieben. Sachen wie Vitamine, Traubenzucker, Trocken-milch-obt-ei, Süssigkeiten, Gebäck und Honig wird von uns gebraucht. Da wir zivil tragen dürfen bitte ich alle zivielsachen wie Anzuge, Hemden und wollwaren sowie Lederwaren und Stifel für uns zu schicken. Ihr weißt selbst was man brauchen kann. Doch bitte wenn möglich sendet mir einen guten Federhalter und Uhr: Uhr sowie Rauchware. Sendet es direcht an mich an die Absendeaddresse. Nochmals lieber Onkel Lohr grüss mir die Lieben recht herzlich. Ich warte auf Nachricht von euch. Grüsse und Küsse

Euer Johnny

Die Karte vom 13. Mai 1954,
der Schlüssel zur Freiheit.

Am 9. Juni 1954 kam ich von der Arbeit ins Lager zurück. Der 10. sollte mein freier Tag sein. Ich ging zum Bad, bekam eine Schüssel warmes und eine Schüssel kaltes Wasser, wusch mich und dann meine Kleidung, zog meine zweite Garnitur an und ging zum Frisör. Die Männer wurden alle zehn Tage von Offiziersfrauen von Kopf bis Fuß rasiert. Nach dieser Behandlung ging ich zum sogenannten Speisesaal, löste meinen Coupon ein, bekam meine Kascha, meine Kapusta (Kohlsuppe) und meinen Fisch. Ich hatte noch nicht mit dem Essen begonnen, als mein Barackenältester hereinstürzte und rief: „Amerikanitz, toi gedjosch domoi!“ (Amerikaner, du gehst nach Hause) Ich wusste, dass die Posten sich zu ihrem Amüsement oft diesem verheißungsvollen Versprechen bedienten, um einen Häftling geistig zu brechen. Die Enttäuschung, für die, die im ersten Moment daran glaubten, war so schwer zu ertragen, dass sie völlig zusammenbrachen. Es dauerte nicht sehr lange, bis die meisten daran zu Grunde gingen. Ich wagte nicht, es zu glauben und forderte ihn auf: „Komm, setz dich her, erzähl mir, was los ist.“ Er war ganz außer Atem, setzte sich neben mich und keuchte aufgeregt: „Du musst sofort zum Kommandanten, du sollst nach Hause gehen!“ Ich ging zum Kommandanten, Major Doluging: „Ich habe Anordnung erhalten, zu Ihnen zu kommen.“ „Da“, sagte er, „Amerikanitz, toi gedjosch domoi!“ Diesmal erwiderte ich ungläubig: „Ist das wahr, kann das wahr sein?“ Emotionslos erwiderte er: „Ja, deine Regierung hat herausgefunden, dass du hier bist und wir wollen großzügig sein und dich freilassen. Du gehst nach Hause. Hier!“ Er drehte ein Stück Papier um. „Du kannst ja selber lesen!“ Ich las, ich sollte nach Moskau gebracht werden. „Moskau ist nicht mein Zuhause, Amerika ist mein Zuhause!“ „Ja, aber das ist der erste Schritt!“ Er gab mir eine Liste von zwölf Posten, die ich abarbeiten sollte. Posten wie zum Beispiel, dass ich dem Lager keine Werkzeuge schuldig bin, dass keine Vergehen im Lager gegen mich vorliegen, dass ich eine neue Häftlingsuniform bekommen sollte und dass ich drei Tage Verpflegung erhalte. Drei Tage Verpflegung auf der Bahn wäre genug, um nach Moskau zu kommen.

Am 10. Juni, 7.00 Uhr, sollte ich am großen Tor sein. Ich war da. Ein Posten kam, um mich abzuholen. Er war unbewaffnet. Das war von größter Bedeutung für mich, denn wenn ein Posten mit einem Häftling ging, trug er nie eine Waffe. Der Häftling könnte ihn überwältigen und an die Waffe gelangen. Wenn ein Posten mit einer Waffe kam, musste man mit dem Schlimmsten rechnen.
Der Posten begleitete mich etwa eineinhalb Kilometer zu einer Haltestelle der örtlichen Bahnlinie von Workuta, einer Holzhütte, die als Bahnhof diente. Ich sollte warten, als

der Posten hineinging, um die Fahrkarten zu lösen. Ich blieb allein davor stehen. Es war nach neun Jahren der erste Moment ohne Stacheldraht, ohne Stahltüren, ohne Posten um mich. Angst stieg in mir auf. Tausend Gedanken schossen blitzartig und wirr durch meinen Kopf, an Flucht, oder besser Vernunft, vielleicht eine einmalige Chance oder sollte ich tatsächlich freikommen? Ich stand starr in einem Gedankenchaos. Der Posten kam wieder und schob mich in den Zug. Ich bot ein außergewöhnliches Bild, denn Häftlinge wurden in diesen Zügen nie transportiert. Alle starrten mich an. Ich war nicht auf der Flucht, das war offensichtlich. Auf die Idee, ich könnte entlassen werden, kam mit Sicherheit niemand. Workuta wurde 1936 als Zwangsarbeitslager erbaut. Die ersten Bergwerke wurden ausgehoben, die Schienen gelegt. 1953 waren es etwa 70 Häftlinge, die Workuta wieder verlassen konnten. 1954 waren es nur noch vier. Jetzt war ich einer, der gehen durfte. Soweit war ich alleine. Der Zug rollte etwa 30 Minuten, dann gab der Posten Anweisung: „Aussteigen!" Wir waren noch nicht im Herzen Workutas, am Hauptbahnhof. Ich war unsicher, da ich nicht wusste, was jetzt geschehen würde. Wir liefen wortlos nebeneinander etwa eineinhalb Kilometer auf ein Lager zu. Es war Lager 5. Kurz vor dem Eingang gab der Posten Befehl, ich solle auf der Stelle stehen bleiben, während er in das Lager ging. Ich fühlte mich gar nicht wohl, denn ich war innerhalb der Schießzone in Häftlingskleidung, jeder Posten hätte auf mich schießen dürfen. Am Tor waren einige Häftlinge, die den Stacheldraht reparierten und einer rief mir zu: „Toi tosche Amerikanitz?" (Bist du auch Amerikaner?) Schlagartig stieg ein Hoffnungsschwall in mir hoch. Also hatte es doch etwas mit meiner Staatsangehörigkeit zu tun? Tatsächlich, im Lager 5 waren zwei Amerikaner, die auch herausgebracht wurden. Wir standen bald zu dritt vor dem Lager und warteten auf den Polizeiwagen, der uns abholen sollte. Als ich die beiden begrüßte, fragte ich begeistert: „Wer seid ihr, wo seid ihr her, seit wann seid ihr hier?" Sie antworteten nicht. Ich bemerkte die Spannung zwischen ihnen. Der eine war William Verdin, der andere William Martschuk. Verdin sprach kein russisch. Er war der Meinung, wenn die „Bla-Bla-Russen" ihn ansprechen wollen, sollen sie seine Sprache lernen. Dies war nicht nur gefährlich, sondern machte es auch sehr schwer, diese Umstände zu überleben. Martschuk war, wie man schon seinem Namen entnehmen konnte, von russischer Abstammung und sprach auch fließend russisch. Da der Posten bei uns stand, wollte ich nicht weiter drängen. Ein Polizeiwagen brachte uns zum Hauptbahnhof. Dort empfingen uns zwei höhere Offiziere. Der Zug nach Moskau stand schon bereit. Zu der damaligen Zeit hingen an jedem Zug in der Sowjetunion zwei oder drei Gefängniswagen und so blieb ich bei diesen stehen. Ein Offizier lachte: „Das ist nicht mehr für dich, du bist kein Gefangener mehr. Geht zu den Personenwagen!" Moskau war drei Tage entfernt. Die Wagen waren so eingerichtet, dass jeder Passagier liegen konnte. Es war Platz für uns drei, auf einer Seite zu sitzen. Uns gegenüber saßen die zwei Offiziere. Wenn wir uns legen wollten, wurde ein Holzbrett heruntergeklappt, so dass man hinaufklettern konnte. Ich legte mich auf die höchste Klappe. So konnte ich den ganzen Wagon überblicken.

Als der Zug ins Rollen kam, bat ich die Offiziere um Erlaubnis, englisch sprechen zu dürfen. Sie nickten. Ich fragte weiter: „Versteht ihr englisch?" Sie schüttelten den Kopf. Ich schaute zum Fenster hinaus und fragte Verdin, der unter mir lag: „Wie spät denkst du, ist es?" Die beiden Offiziere schauten auf ihre Armbanduhren. Also verstanden sie englisch. So beschränkte sich unsere Konversation auf Oberflächlichkeiten. Immer, wenn der Zug während dieser drei Tage hielt, kamen sofort Einheimische heran. Sie zogen mit einer Schale Milch, einem Apfel oder einem Ei durch den Zug und versuchten, zu verkaufen oder sie bettelten um Geld. Es war den Offizieren peinlich, dass wir das sahen. In diesem Zug waren vorwiegend Offiziere und ihre Familien. Da ich oben lag, konnte ich alles sehen. Einige Offiziere besaßen bunte Schlafanzüge. Dies war etwas ganz Neues in Russland. Sie trugen diese Schlafanzüge Tag und Nacht. Als wir in Moskau ankamen, verließen sie den Zug in ihren Schlafanzügen und spazierten in Richtung Stadt. Wir drei Amerikaner wurden von einem Polizeiwagen abgeholt und zum „Burtirskaja-Gefängnis" gebracht. Es war der Morgen des 14. Juni 1954. Im Gefängnis angekommen wurden wir in eine größere Zelle gebracht. Vor uns standen drei Pritschen mit Bettlaken und Decken. Nach neun Jahren zum ersten Mal Bettlaken und Decken! Im Laufe des Tages sollte ein Schneider kommen, um unsere Maße für Anzüge zu nehmen. Man wollte uns zu unserer Entlassung zivilisiert aussehen lassen.

Da es immer noch diese Spannung zwischen meinen beiden Landsleuten gab und ich nicht wusste, ob wir belauscht wurden, konnte ich kein vernünftiges Gespräch mit ihnen führen. Als der Schneider kam und wir die Anzüge anprobierten, war es ein fremdes aber angenehmes Gefühl, wieder Kleidung mit annähernd westlichem Standard zu tragen.

Am 29. Juni brachte man drei Koffer mit unseren Namen versehen in unsere Zelle. Jeder Koffer war ausgestattet mit jenem Anzug, einem Hemd, einem Unterhemd, einer Unterhose, einem Paar Schuhe, einem Taschentuch, einem Paar Socken, einem Hut und einem Mantel. Wir durften die Kleidung nicht tragen, sondern wurden mit den Koffern in der Hand wieder zum Bahnhof gebracht. Von Offizieren begleitet, stiegen wir in den Zug. Zu unserem Entsetzen fuhr er in Richtung Osten.

Nach einem Tag erreichten wir Potma. Ein Lager, in dem Häftlinge auf ihre Entlassung vorbereitet wurden und warteten. Ankommende Häftlinge wogen weit unter 50 Kilogramm, sie sollten hier wieder ein menschliches Antlitz bekommen. Potma war das einzige Entlassungslager der Sowjetunion für politische Häftlinge. Man durfte die Haare wachsen lassen, fast jeder hatte Schreiberlaubnis. Es wurde nicht gearbeitet, die Häftlinge sollten sich erholen, um wieder wie Menschen auszusehen. Wir wurden vom politischen Offizier, Oberleutnant Letwenkow, empfangen. Er teilte uns mit, dass das Urteil aller anderen Häftlinge aufgehoben worden sei, nur unsere nicht. Mir kamen schon wieder größte Zweifel an unserer Entlassung. Was hatte man mit uns vor? Wir sollten uns am nächsten Morgen um 8.00 Uhr am Tor melden, um in die Arbeit eingewiesen zu werden. Dann kommandierte man uns in eine mit etwa 40 Häftlingen belegte Baracke. Im Lager Potma befanden sich 380 Männer und 15 Frauen, ausschließlich Ausländer. Es waren Spanier, Franzosen, Italiener, Japaner, Balten, Polen, Jugoslawen, Deutsche und Bewohner aus allen sowjetisch besetzten Gebieten, selbst Afrikaner. Sie alle warteten auf ihre Entlassung. Einige waren nur kurze Zeit hier, andere Monate. Es gab auch Häftlinge, die schon Jahre in Potma waren und immer noch auf ihre Freiheit hofften. Gleich nach unserer Ankunft hatte ich mich wieder nach Arbeit erkundigt, doch in Potma wurde nicht gearbeitet. Also gingen wir am nächsten Morgen nicht zum Tor. Kurz nach 8.00 Uhr stürzte der Kommandant in unsere Baracke und brüllte, er habe uns doch Anweisung gegeben, zur Arbeit anzutreten. Verdin, der Russisch weder sprach noch verstand, schaute mich fragend an. Martschuk sagte kein Wort. Ich antwortete ihm: „Wir sind die drei Amerikaner hier. Bisher mussten die anderen im Lager nicht arbeiten. Wenn sie uns zur Arbeit zwingen, werden sie das zum Anlass nehmen, auch alle anderen arbeiten zu lassen. Unsere Mithäftlinge würden uns umbringen. Wenn wir arbeiten müssen, schicken sie uns in ein Arbeitslager, aber hier arbeiten wir nicht!“ Wütend befahl er noch einmal: „Morgen früh seid ihr am Tor, morgen früh geht ihr zur Arbeit, 8.00 Uhr am Tor!“ Wir gingen am nächsten Morgen nicht zum Tor. Letwenkow hat nie wieder davon gesprochen.

Im Gegensatz zu den bisherigen Lagern hatten wir hier keine nackten Bretter, sondern separate Betten mit Matratzen. Bettlaken gab es nicht, aber Decken und Kissen. Das Essen war wie bisher, aber die Häftlinge durften Post und Pakete empfangen. Nur wir drei Amerikaner waren ausgenommen. Häftlinge, die Pakete empfingen, teilten immer, so dass auch wir etwas bekamen. Untereinander Essen zu stehlen, war hier ebenso undenkbar, wie wir es von den anderen Lagern her kannten.

Und doch, eines Tages geschah es. Martschuk hatte gestohlen. Als er ertappt wurde, nahm ich ihn beiseite: „Wir drei sind Amerikaner. Was wir tun, prägt das Bild der anderen auf Amerika. Wir repräsentieren Amerika!“ Er war ungehalten und verkündete lauthals, so dass es jeder hören konnte: „Ich repräsentiere gar nichts, mir ist es egal, was Sie von Amerika halten!“ Er war launisch und unberechenbar und es war schwer, mit ihm auszukommen. Ich musste für Frieden sorgen, denn wir waren nur drei und nach diesem Vorfall schauten alle auf uns.

Wenige Wochen nachdem wir angekommen waren wurden Postkarten verteilt. Die Postkarten waren doppelt ausgefertigt, einmal, um die ausgehende Post und einmal, um die zurückkommende Post zu sichern. Wie selbstverständlich nahm auch ich eine Karte. Ich sandte diese Karte an meine Tante Lotte in Berlin. Sie war Zahnärztin und die Schwester meiner Mutter. Ich hoffte, dass sie diese Karte an meine Mutter weitersenden würde. Verdin und Martschuk hatten keine Adressen in Deutschland und so gab ich ihnen Anschriften von Bekannten. Hauptsache für sie war, dass man „draußen“ ihren Namen erfuhr und vielleicht begann, nach ihnen zu suchen. Wir gaben die Karten ab. Am nächsten Tag erschien der Zensor mit der Mitteilung bei uns, dass wir nicht schreiben dürften und deshalb keine Karten bekommen hätten. Ich erklärte ihm, dass wir bereits geschrieben hatten und die Karten gestern schon abgeschickt worden waren. „Dann sind die Karten fort, sie sind schon unterwegs!“ Wir wussten nicht , ob er die Wahrheit sagte, jedenfalls verpflichtete er uns, darüber zu schweigen.

Da die Häftlinge in Potma aus den verschiedensten Lagern Russlands kamen, hörte man viel neues. Man war besser informiert, was in Russland und in der Welt vor sich ging. Von einem Häftling aus Workuta hörte ich wieder von den acht Amerikanern, die man nach ihrem Abschuss über der Ostsee in dem sibirischen Lager festhielt. Man berichtete mir auch von anderen amerikanischen Flugzeugen, die über der Sowjetunion, über

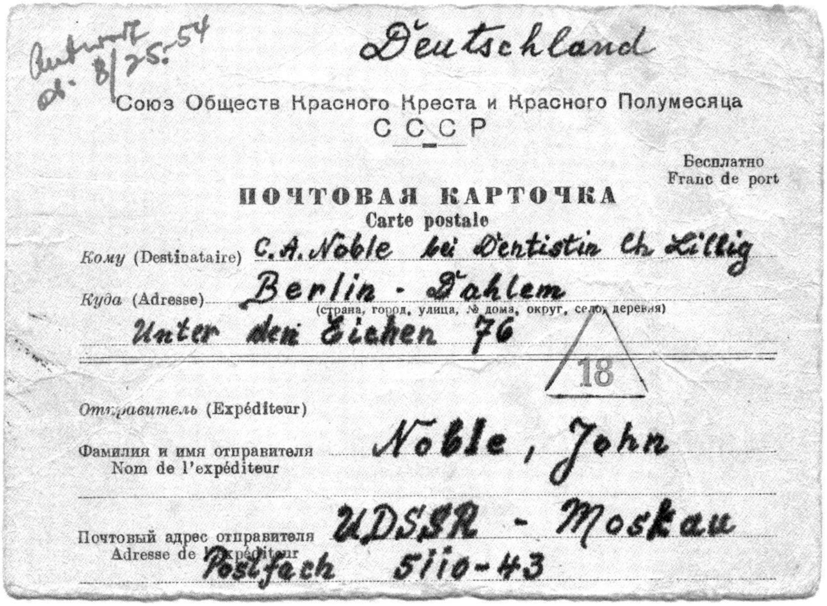
Antwort ab. 8/25.54

Deutschland

Союз Обществ Красного Креста и Красного Полумесяца
СССР

Бесплатно
Franc de port

ПОЧТОВАЯ КАРТОЧКА
Carte postale

Кому (Destinataire) C.A. Noble bei Dentistin Ch. Lillig

Куда (Adresse) Berlin - Dahlem
(страна, город, улица, № дома, округ, село, деревня)
Unter den Eichen 76

18

Отправитель (Expéditeur)

Фамилия и имя отправителя
Nom de l'expéditeur Noble, John

Почтовый адрес отправителя
Adresse de l'expéditeur UDSSR - Moskau
Postfach 5110-43

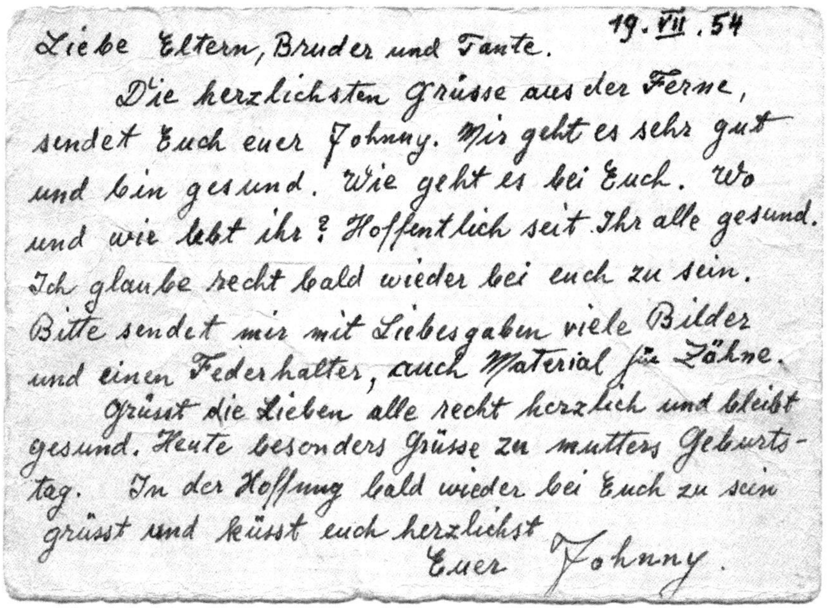
19.VII.54

Liebe Eltern, Bruder und Tante.
Die herzlichsten Grüsse aus der Ferne, sendet Euch euer Johnny. Mir geht es sehr gut und bin gesund. Wie geht es bei Euch. Wo und wie lebt ihr? Hoffentlich seit Ihr alle gesund. Ich glaube recht bald wieder bei euch zu sein. Bitte sendet mir mit Liebesgaben viele Bilder und einen Federhalter, auch Material für Zähne.
Grüsst die Lieben alle recht herzlich und bleibt gesund. Heute besonders Grüsse zu mutters Geburtstag. In der Hoffnung bald wieder bei Euch zu sein grüsst und küsst euch herzlichst
Euer Johnny.

Meine zweite Karte aus Potma.

Rumänien und über Plovdiv abgeschossen worden waren und deren Besatzungen in russischen Lagern verschwanden.

Als neue Häftlinge aus dem Lubianka-Gefängnis von Moskau nach Potma kamen, berichtete mir einer von ihnen, er habe seine Zelle mit einem Amerikaner geteilt. Dieser war in der amerikanische Botschaft in Moskau als Korrespondent tätig gewesen. Sein Name war Al Dolgun. Er war als Berichterstatter offensichtlich einer äußerst brisanten Geschichte auf der Spur, denn als er sich plötzlich im Gefängnis wiederfand, erklärten ihm die Russen, offiziell sei er erkrankt und dann verstorben. Kurz darauf hätte man ihn öffentlich in Moskau beerdigt. Die amerikanische Botschaft wurde darüber informiert und diese benachrichtigte seine Angehörigen. Damit galt Al Dolgun als tot. Doch dieser Häftling, der gerade aus Lubianka kam, behauptete, mit Al Dolgun in einer Zelle gewesen zu sein. Er erzählte mir viel über die Familienverhältnisse dieses Mannes, so dass ich annehmen musste, dass es tatsächlich Al Dolgun gewesen war.

In Potma war wieder Posttag. Wie in Workuta wurde auch hier einmal im Monat Post ausgegeben. Es war in diesem Monat bereits zwei Tage über die Zeit und die Häftlinge waren schon ungeduldig. Die Vertretung des Zensors stand mit einem Stapel Karten in der Hand und hatte begonnen, die Namen der Empfänger auszurufen, als überraschend der Zensor auftauchte, seinem Vertreter die Karten aus der Hand riss und sich breitbeinig in Positur stellte. Herablassend verkündete er die Namen der Adressaten. Ich achtete nicht darauf und glaubte, mich verhört zu haben, als plötzlich mein Name ertönte. Ich stand etwas entfernt, denn damit hatte ich nicht gerechnet. Blitzschnell griff ein Häftling zu. Er wusste, dass wir drei Amerikaner Postverbot hatten. Nach nochmaligem Aufruf wäre der Zensor stutzig geworden und hätte die Karte zurückgehalten. So hatte ich sie eine Minute später in meinen Händen. Es war die Antwort meiner Tante aus Berlin. Jetzt konnte ich sicher sein. Die Außenwelt wusste nun von mir. Noch am gleichen Tag lief mir der Zensor über den Weg und meinte ironisch: „Es tut mir leid, dass du keine Post empfangen darfst." Ich neigte mich zu ihm und flüsterte: „Sie haben heute meinen Namen ausgerufen!" „Unmöglich!", zischte er kurz und verschwand.

Wenige Wochen später war Pakettag und wahrhaftig, ein Kleines war auch für mich dabei. Glücklicherweise hatte der Zensor Urlaub, so dass es mich auch erreichte. Der wichtigste Inhalt war ein Foto, auf dem meine Eltern vor einer Haustür mit der Nummer 80 zu sehen waren. Deutlich sichtbar war auch ein Straßenschild mit dem Namen „Seward" und im Hintergrund das alte „Fischer-Building", ein Wahrzeichen Detroits. Ich hatte es schwarz auf weiß, meine Eltern lebten. Mein Vater hatte tatsächlich die Haft überstanden. Ich hatte Stadt, Straße und Hausnummer, alles auf einem Bild. Dieses Foto übte eine magische Faszination auf mich aus. Ich betrachtete es immer und immer wieder und fühlte die Freiheit in mir nahen.

Ich war noch nicht lange in Potma, als ein junger Mann zu mir kam und sich als der Arzt in Potma vorstellte. Fragend schaute ich ihn an, denn er war sehr jung. Er bemerkte meine Skepsis und erklärte: „Nein, nein, ich bin kein Arzt, aber man hat mich hier dazu erklärt." Er war Häftling und hatte viele Jahre mit einem Arzt zusammen in einer Baracke gelegen. Beide waren Deutsche. Er hatte diesem Arzt assistiert und dabei Erfahrungen gesammelt. Mir war er sympathisch und unsere Wege kreuzten sich fast täglich.

Wir hatten uns ein paar Tage nicht gesehen. Als wir uns wieder begegneten, nahm er mich beiseite: „Ich will dich etwas fragen. Dort in der Ecke im Lager steht eine kleine Baracke. Darin liegen zwölf Häftlinge. Sie haben eine unbekannte, sehr ansteckende Krankheit und liegen im Sterben. Die russischen Posten gehen nicht in diese Baracke, ihnen ist gleich, was mit den Kranken geschieht. Die Männer sind so schwach, dass sie nicht mehr allein essen können. Ich brauche jemanden, der diesen Menschen hilft. Würdest du das tun?" In meinem Kopf liefen die vergangenen Jahre der Gefangenschaft ab, die Zeit als Häftling in Deutschland, die Zeit in den Lagern der Sowjets. Ich war jetzt neuneinhalb Jahre in sowjetischer Haft und stand möglicherweise kurz vor meiner Entlassung. Sollte ich jetzt dort hinein gehen, von der Krankheit angesteckt werden und sterben? Jetzt, wo endlich die Chance bestand, frei zu kommen? Ich gab ihm die einzige, ehrliche Antwort, die ich ihm geben konnte: „Wenn du fragst, ob ich das will, die Antwort ist nein, ich will es nicht, aber wenn es niemand anderes tut, werde ich es tun."
„Du hast die Arbeit!", sagte er.

Ich ging langsam zu dieser Baracke, besorgt, ob ich das Richtige getan hatte. Aber die Menschen brauchten Hilfe. Ich wusste nicht, wer sie waren. Als ich in die dunkle Baracke trat, schlug mir ein widerlicher Gestank entgegen. Ich konnte die Krankheit auf den Lippen spüren, es war furchtbar. Ich schaute mich um, es gab keine Medikamente oder Desinfektionsmittel. Es war eine Sterbebaracke. Die Männer lagen auf Pritschen, lebende

Skelette, sie rührten sich nicht. Ein freies Feldbett stand im Raum, vielleicht war vorher schon einer gestorben. Ich quartierte mich ein. Vor der Tür stand etwas Wasser, wenigstens lauwarmes Wasser und das Essen für die Männer. Alles was ich tun konnte war, sie zu waschen und zu füttern. Am nächsten Morgen war einer von ihnen gestorben, die anderen elf lebten. Einem nach dem anderen griff ich unter die Arme und setzte sie auf. Sie husteten mir ins Gesicht und ich war sicher, angesteckt worden zu sein. Aber ich hatte mich verpflichtet und konnte nicht zurück.

Es vergingen etwa zwei Monate. Tatsächlich gelang es mir, die Männer wieder soweit zu bringen, dass sie selbstständig essen und sich waschen konnten. Es war Weihnachten 1954. Ich hatte ein paar Tannenzweige von dem Holz gebrochen, das für die Küche bereit lag, um einen kleinen Weihnachtsbaum zu basteln. Mit Schleifen aus Tuchstreifchen hatten wir den Weihnachtsbaum geschmückt. Die elf Männer und ich saßen um dieses kleine Bäumchen herum und summten Weihnachtslieder. Keiner von uns kannte die Worte, keiner von uns war jemals zur Kirche gegangen. Niemand wusste, was Weihnachten wirklich bedeutete. Doch in unseren Herzen war der Wunsch, Weihnachten zu feiern. Wir saßen stumm um diesen Weihnachtsbaum, als der Deutsche unter ihnen aufstand, mich anschaute und die Stille brach: „Ich glaube, ich kann für uns alle sprechen. Wir lagen im Sterben, wir wussten, wir werden sterben. Aber als du hereinkamst, um uns zu helfen, trotz der Gefahren, hat sich jeder von uns gesagt, wir müssen weiterleben, wir dürfen nicht aufgeben!" Ich nahm in bei der Hand und erwiderte: „Wisst ihr, was Weihnachten bedeutet? Die Geburt von Christus, der gestorben ist, um uns zu helfen, um uns die Möglichkeit zum Überleben zu geben." Alle elf Männer wurden wieder gesund. Man hat sie später entlassen.

Unter den Frauen in Potma gab es eine Lydia Gorskaja. Sie war Chruschtschows erste Frau. Als ich mit ihr sprechen konnte, erzählte sie mir von ihm und wie sie ihn kennengelernt hatte. Lydia Gorskaja war etwa 60 Jahre alt. Sie hatte ein verstümmeltes Gesicht, war aber eine äußerst liebenswürdige Person. Als junges Mädchen hatte sie auf öffentlichen Bühnen gesungen. Während der schweren Hungerzeit arbeitete sie in der Ukraine als freiwillige Sanitäterin und Krankenschwester. Dort lernte sie Chruschtschow kennen. Sie erzählte mir, dass er in einer kleinen Stadt, namens Kolonowka in Russland geboren wurde und dort zur Schule ging. Seine Eltern nahmen ihn zur Kirche und er wurde mit Schokolade und Bonbons belohnt, wenn er sich Bibelverse merken konnte. So erlangte er eine gründliche Kenntnis der Schrift. Lydia erzählte mir auch von Chruschtschows zweiter und dritter und vierter Frau. Als sie als Krankenschwester tätig war, hatte ihr Chruschtschow immer Essen gebracht, obwohl die Bevölkerung hungerte und nichts Essbares zur Verfügung stand. Ihre Freunde wurden weniger und weniger, bis sie ihr sagten: „Weißt du nicht, wer Nikita Chruschtschow ist? Weißt du nicht, wie vielen Leuten er schon das Leben genommen hat? Was für ein Mensch er wirklich ist?“ Danach verlies sie ihn. Sie versteckte sich und lebte in Polen. Jetzt war sie in Potma, um wieder nach Polen entlassen zu werden. Sie zeigte die Narben in ihrem Gesicht. Als Ostpolen von den Sowjets besetzt wurde, fand sie Nikita Chruschtschow und schlug sie fast tot.

Leutnant Letwenkow war Lagerleiter in Potma und ging oft durchs Lager, um mit den Häftlingen zu „plaudern“. So sah er auch mich und rief mich zu sich. Ich sollte doch mit in sein Büro kommen, wir wollen uns nur unterhalten. Als wir dort saßen, klopfte es und ein Offizier steckte seinen Kopf durch die Tür. „Ups, entschuldige!“, sagte er und wollte die Tür schließen, aber Letwenkow meinte: „Nein, nein, komm nur rein, wir unterhalten uns gerade.“ Dieser fremde Offizier fragte, wo ich gewesen sei als Häftling, „Ich war in Workuta.“ „In Workuta? In welchem Lager?“ Ich antwortete: „Im Lager 3.“ „Ach, ich glaube, das ist das Lager, wo mein Freund Lagerkommandant ist, wie hieß dein Kommandant?“ Sofort wusste ich, dass das keine freundliche Unterhaltung, sondern Prüfstand für mein Erinnerungsvermögen sein sollte. „Meinen Lagerkommandanten kannte ich nicht, ich war im Kohlebergwerk, Belajew war dort der Chef.“ „Nein, nein, den meine ich nicht.“ „Schumburitze war mein Abteilungsleiter.“ „Nein, nein, den meine ich auch nicht, ich meine deinen Lagerkommandanten.“ Ich musste mich aus der Affäre ziehen: „Bitte verstehen Sie, die Arbeit da oben war so schwer, dass wir aus dem Bergwerk kamen und auf die Bretter fielen, um zu schlafen. Ansonsten hat uns nichts interessiert. Das Leben fand für uns im Bergwerk statt, nicht im Lager.“ Ich wusste nicht, ob ich ihn überzeugt hatte. Aber er hatte wohl die Auffassung gewonnen, dass ich keine Gefahr darstellte und in die Öffentlichkeit zurückkehren durfte. Die politischen Offiziere hatten ungeheure Angst, bekannt zu werden.

Entlassungen fanden fast täglich, aber völlig sporadisch statt. Eine Regel war nicht erkennbar. Manchmal waren es ein bis zwei, manchmal vier bis fünf Häftlinge an einem Tag. Die ständige Anspannung unter uns elektrisierte förmlich die Luft im Lager. Wer würde der Nächste sein? Würde Letwenkow meinen Namen aufrufen, ich wäre nicht sicher, ob es Entlassung, Verlegung oder gar Rücktransport bedeuten würde. Schließlich waren wir drei Amerikaner die einzigen, deren Urteil nicht aufgehoben worden war. Am 2. Januar 1955 wurden Martschuk und ich aufgerufen: „In 15 Minuten am Tor!" Ich rief zu Letwenkow: „Und Verdin? Verdin nicht?" „Das geht dich nichts an!", schnauzte er zurück. Als wir uns am Tor verabschiedeten, schluchste Verdin unter Tränen: „John, zu Hause in Amerika, beim amerikanischen Militär und dann als Häftling in Russland, niemand war so gut zu mir wie du. Es ist wohl, weil du ein Christ bist!" Er umarmte mich herzlich. Martschuk und ich wurden zur Bahn gebracht. Wir weinten, gejubelt hat keiner. Es war noch alles ungewiss. Spät am Abend brachte man uns wieder nach Moskau. Als wir am nächsten Morgen ankamen, wurden wir mit einer Limousine abgeholt und in den Vorort von Bükowa gefahren. Man brachte uns in einer Villa unter. Dort sollten wir bleiben, man wollte uns vor unserer Weiterreise mit den Sehenswürdigkeiten Moskaus beeindrucken. In dieser Villa hatte man General Paulus, General der deutschen Armee während der Schlacht um Stalingrad, als Kriegsgefangenen gehalten. Er war inzwischen nach Deutschland zurückgekehrt. Martschuk und ich hatten unsere Koffer mitbekommen und durften nun diese Kleidung auch tragen.

Einige Tage später besichtigten wir die Erungenschaften des Kommunismus. Man führte uns zur Moskauer Metro und zum GUM, zum Einkaufszentrum für Parteibonzen und westliche Ausländer. Man zeigte uns Stalins Grabstätte, das Theater, den Zirkus, all das, worauf die Kommunisten stolz waren. Wir wurden in der Stadt herumgefahren in Autos, die innen als Zelle mit Handschellen wie Polizeifahrzeuge ausgestattet, äußerlich aber als Backwarentransporter getarnt waren. Das täuschte zudem noch eine vorhandene Lebensmittelversorgung vor. Die Stadtrundfahrt endete im Kreml. Dort führte man Martschuk und mich in ein Büro zu einem Herrn in Zivil. Um ihn herum standen hohe Offiziere, sogar Generäle, sodass ich ihn nicht gleich erkannte. Dieser Herr wollte wissen, in welchem Lager ich war. „In Workuta." Ich war vorsichtig. „In welchem Lager in Workuta?" „In Lager 3, in Lager 10, Schacht 16, Schacht 29." Er wurde blass, starrte mich an und fragte nervös: „Kennst du mich?" Und jetzt erkannte ich ihn. Es war General Maslenikow, der Mann, der für das Blutbad in Workuta persönlich verantwortlich war. Meine

Bestätigung wäre mein Todesurteil gewesen. Ich verneinte. Abrupt drehte er sich um. „Sofort raus mit ihm!“ Ich wurde herausgebracht.

Am 6. Januar, 10.10 Uhr setzte sich der diplomatische Zug „Blauer Express“ von Moskau nach Berlin in Bewegung. Martschuk und ich wurden von zwei Offizieren begleitet. In Abständen kam eine Kontrolle durch und fragte immer wieder: „Wo ist Verdin?“ Und immer antwortete einer der Offiziere: „Ich habe für ihn unterschrieben.“ Während der Fahrt wurden wir zum Speisewagen gebracht. Zum ersten Mal nach neuneinhalb Jahren hielt ich ein Glas Milch in der Hand, ein Glas Milch, zumal das zu dieser Zeit mehr als einen Tageslohn kostete.
Als wir im Erste-Klasse-Wagen am Fenster saßen und hinausschauten, deutete ein Offizier immer wieder auf vorüberziehende Gebäude: „Schaut nur, eine Spielzeugfabrik und da, eine Bekleidungsfabrik. Wenn ihr in den Westen kommt, werdet ihr nur Rüstungsbetriebe sehen, wo Kanonen und Bomben gebaut werden. Hier in Russland ist alles friedlich.“ Mein Blick fiel auf eine kleine Lampe, die auf dem Tischchen vor dem Fenster stand. Der Stecker trug die Aufschrift „made in USA“. Ich machte ihn darauf aufmerksam: „Das sind keine Bomben, das sind normale Haushaltsgeräte.“ Sicher war es gewagt, ihm zu widersprechen. Aber nach neun Jahren Lüge konnte ich nicht anders.

Am 8. Januar, 14.50 Uhr, kamen wir in Ostberlin an. Man hatte uns einen Empfang durch Amerikaner angekündigt. Es war niemand zu sehen. Wir wurden zum russischen Hauptquartier geführt. Man wies uns in ein kleines Zimmer und stellte uns unter Bewachung durch einen Posten mit aufgepflanztem Gewehr. Meine Unsicherheit war bisher keineswegs gewichen. Aus dem Fenster konnte ich in den westlichen Teil Berlins sehen. Zwar kannte ich mich in Berlin nicht aus, wäre aber irgendetwas schief gegangen, so war ich wild entschlossen, durchzubrennen, nach Russland gehe ich niemals zurück. Es war etwa eine dreiviertel Stunde vergangen, als sich die Tür öffnete und ein Offizier und zwei Zivilisten hereintraten. Als ich das US-Zeichen am Offizierskragen erkannte, knickten mir fast die Knie ein. Die beiden Herren schauten uns an, sagten kein Wort, unterschrieben etwas und winkten uns, ihnen zu folgen.

Martschuk wurde von dem US-Offizier geleitet, die „Zivilisten“ nahmen mich beim Arm. Auf der Straße erwartete uns ein Zivil- und ein Militärfahrzeug. Martschuk wurde in den Jeep gesetzt, mich nahm man in den PKW. Als wir abfuhren, stellten sich meine beiden

Begleiter vor. Einer war der stellvertretende Kommandant der amerikanischen Behörde Westdeutschlands, der andere, Mr. Pratt, war der amerikanische Stadtkommandant von Berlin. Sie erklärten: „Wir kommen jetzt in Kürze zum „Checkpoint Charlie", du wirst sehen, die Straßen sind geräumt. Fernsehen und Wochenschau wird auf der Straße sein, sonst niemand. Es ist geräumt, weil ihr ankommt. Ihr werdet gleich zum amerikanischen Hauptquartier gebracht." Mir war schwindlig, ich konnte das alles kaum glauben.

Es war 15.45 Uhr, der 8. Januar 1955, als ich „Checkpoint Charlie" durchfuhr. Ich war frei!

Es war wahr, die Straßen waren leer. Martschuk hatte man direkt ins Krankenhaus gebracht. Ich kam im amerikanischen Hauptquartier an. Im Eingangsfoyer stand eine große amerikanische Fahne. Im Vorbeigehen hielt ich einen Moment inne, ich konnte meine Tränen nicht aufhalten. Seitdem die Fahnen in unserem Haus in Dresden heruntergerissen und verbrannt worden waren, hatte ich keine amerikanische Fahne mehr gesehen. Die Reporter, die herumstanden, schauten mir verständnislos hinterher. Woher sollten sie auch wissen, was für Gefühle mich überwältigten, wie grandios und wie wunderbar das Gefühl der Freiheit sein konnte!
Ich wurde die Treppe hinauf in ein Büro geführt. Ein amerikanischer Offizier befragte mich: „Wir wissen ja, wer Sie sind, aber haben Sie Papiere? Können Sie irgendwie beweisen, dass Sie wirklich John Noble sind?" Ich hatte nichts. Die Sowjets hatten mir sowohl meinen Pass als auch meinen Schweizer Schutzbrief entzogen. „Gibt es jemanden, der Sie kennt, der vielleicht bestätigen kann, wer Sie sind?" „Ja, ich hatte eine Tante hier in Westberlin, ich nehme an, Sie wohnt noch hier." „Wie ist ihr Name?" „Charlotte Lillig, sie ist Zahnärztin." Ich hatte es noch nicht ganz ausgesprochen, als sie hereingeführt wurde. Es war ein wunderbarer Augenblick, meine Tante wiederzusehen. Meine Identität war geklärt. Nun wollte man mich im Krankenhaus gründlich untersuchen. Es würde sowieso fünf bis sechs Tage dauern, bis mein neuer Pass aus Washington einträfe. Man bot mir einen Posten zur ständigen Bewachung vor meinem Krankenzimmer an. Ich könnte selbst entscheiden, den Posten wegzuschicken, aber zu meinem Schutz wäre es besser, wenn er da bliebe. Martschuk, der im Zimmer nebenan lag, hatte ebenfalls einen Posten vor seiner Tür, nur ohne die Freiheit, ihn wegschicken zu können. Man empfahl mir: „Wenn Sie ihre Tante besuchen wollen, sagen Sie es uns bitte. Es ist zu gefährlich allein hier in Berlin, die Sowjets haben überall freien Zugang."

John Noble Minuten nach seiner Entlassung.

Ich wurde zum Krankenhaus gebracht. Das Bett in meinem Zimmer machte mir anfangs Probleme, ich glaubte, hindurchzufallen. Eine Schwester kümmerte sich um mein Wohl. „Kann ich Ihnen etwas bringen?" „Ich brauche Papier und Bleistift, ich muss mir Namen und Daten notieren, sonst vergesse ich sie." Sie lachte: „Wollen sie nicht erst einmal etwas essen?" Natürlich wollte ich, aber Papier war mir erst einmal wichtiger. In Russland hatte ich mir angewöhnt, auf alles zu achten, mir alles einzuprägen, Namen, Uniformen, Zeichen, alles was von Bedeutung sein konnte. Jetzt wollte ich es auf Papier bringen.
Ich kündigte den Besuch bei meiner Tante an. Als ich ankam, bemerkte ich überall in der Gegend amerikanische Sicherheitsposten. Von meiner Tante erfuhr ich, dass meine Eltern seit 1952 wieder wohlbehalten in Detroit lebten. Sie hatten alles in ihrer Macht stehende unternommen, etwas über mich in Erfahrung zu bringen und meine Freiheit zu erlangen.

Zurück im Krankenhaus bekam ich meinen ersten Anruf, meine Eltern aus Detroit. Es war wunderbar, die Stimme meiner Mutter zu hören! Neuneinhalb Jahre hatten wir nichts voneinander gehört. Mein Vater war nach unserer Trennung in Buchenwald zusammen mit 4.000 anderen Häftlingen nach Waldheim gebracht worden. Um das völkerrechtswidrige Verhalten zu rechtfertigen, wurde er nachträglich zu den sieben Jahren verurteilt, die er in den Gefängnissen und Lagern der Sowjets gerade überlebt hatte und 1952 entlassen. Danach war er ein gebrochener Mann. Aber er lebte.

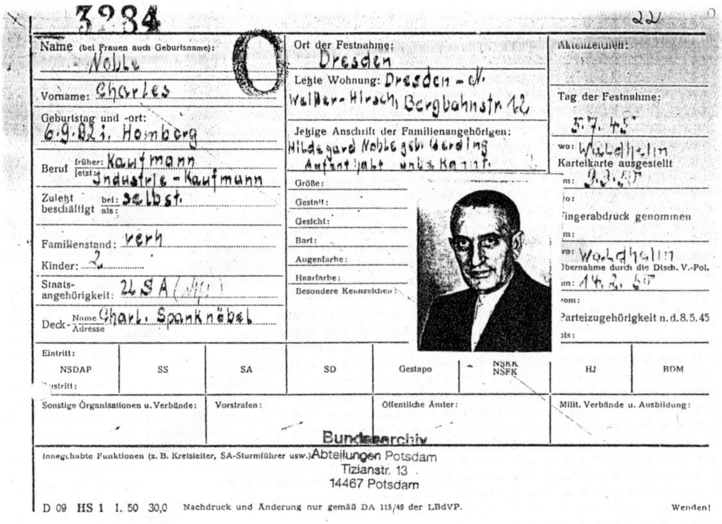
3284 O 22

Name (bei Frauen auch Geburtsname): Noble
Vorname: Charles
Geburtstag und -ort: 6.9.82 i. Homberg
Beruf früher: Kaufmann jetzt: Industrie-Kaufmann
Zuletzt beschäftigt bei: selbst. als:
Familienstand: verh
Kinder: 2
Staatsangehörigkeit: USA
Deck-Name Adresse: Charl. Spanknöbel

Ort der Festnahme: Dresden
Letzte Wohnung: Dresden-N. Weißer-Hirsch, Bergbahnstr. 12
Jetzige Anschrift der Familienangehörigen: Hildegard Noble geb. Gerding Aufenthalt unbekannt.
Größe:
Gestalt:
Gesicht:
Bart:
Augenfarbe:
Haarfarbe:
Besondere Kennzeichen:

Aktenzeichen:
Tag der Festnahme: 5.7.45
wo: Waldheim
Karteikarte ausgestellt am:
wo:
Fingerabdruck genommen am:
wo: Waldheim
Übernahme durch die Dtsch. V.-Pol. am: 14.2.50
vom:
Parteizugehörigkeit n. d. 8.5.45 bis:

Eintritt: / Austritt: NSDAP	SS	SA	SD	Gestapo	NSKK NSFK	HJ	BDM

Sonstige Organisationen u. Verbände: | Vorstrafen: | Öffentliche Ämter: | Milit. Verbände u. Ausbildung:

Innegehabte Funktionen (z. B. Kreisleiter, SA-Sturmführer usw.)

Bundesarchiv Abteilungen Potsdam Tizianstr. 13 14467 Potsdam

D 09 HS 1 1. 50 30,0 Nachdruck und Änderung nur gemäß DA 115/49 der LBdVP. Wenden!

Karteikarte Charles A. Noble Waldheim

Das erste Telefonat mit meinen Eltern.

Die Presse war bereits im Krankenhaus und bestand auf eine Pressekonferenz. Ich sträubte mich und wollte erst in den USA vor die Öffentlichkeit treten. Doch ein Vertreter des Auswärtigen Amtes sprach mit mir: „Mister Noble, es ist besser, Sie geben jetzt eine Pressekonferenz. Wenn die Presse anfängt, etwas Negatives zu schreiben, würden Sie das nie korrigieren können. Wenn Sie müde sind und die Konferenz beenden wollen, geben Sie mir ein Zeichen." Ich willigte ein.

Die Pressekonferenz fand, wie bereits erwähnt, am 11. Januar statt und dauerte etwa zwei Stunden. Ich war erschöpft und ging in mein Krankenzimmer zurück. Kaum hatte ich die Tür geschlossen, kam ein Anruf aus den USA. Das CBS wollte mich sprechen. Sie baten mich um ein Interview in ihrem ersten Programm, des sogenannten „Face the Nation". Ich entschuldigte mich: „Ich habe noch nie ein Fernsehprogramm gesehen. Ich weiß nicht, wovon Sie sprechen." Man erklärte mir, es ginge um ein Interviewprogramm und ich sei ein geeigneter Kandidat für diese Sendung. Die Sendung sollte am Sonntag aufgezeichnet werden. „Leider kann ich bis Sonntag noch nicht in Washington sein. Mein Pass soll erst in einigen Tagen eintreffen." Die Leute vom CBS horchten auf: „Moment mal, wenn wir den Pass in wenigen Stunden bei dir haben, würdest du fliegen?" „Selbstverständlich, nur zu gern." Ich hatte den Pass in 45 Minuten. Mein Flug nach Amerika stand bevor.

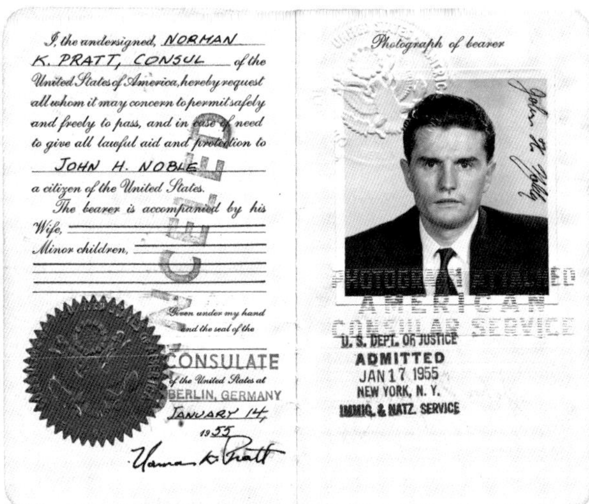

Mein neuer US-amerikanischer Pass

Inzwischen war meine Cousine aus Hamburg in Berlin eingetroffen. Meine Tante und andere Bekannte, die von mir gehört hatten, waren auch ins Krankenhaus gekommen und ich musste mich schnell verabschieden. Der Flug nach Hause war gebucht.

John Noble mit Tante und Cousinen vor dem Abflug in Berlin.

London war der erste Stopp auf dem Weg nach Amerika. Starker Nebel verzögerte den Weiterflug. Die Leute vom CBS wurden ungeduldig. Doch der Nebel wich nicht, hin zum Flughafen, zurück zum Hotel, wieder zum Flughafen, wieder zurück zum Hotel. Ein Tag nach dem anderen verging und die Zeit wurde knapp. Als ich absagen wollte, sandte man einen Mitarbeiter des CBS zum Flughafen und es war doch noch möglich, weiterzufliegen. Man übertrug ein Bild von mir und ich wurde ins Cockpit gebeten, um dort interviewt zu werden.

Ich hatte keine Chance, im Flugzeug zu schlafen. Die Passagiere umlagerten mich, als bekannt wurde, wer ich war. Seit der Pressekonferenz war ich ständig auf den Titelseiten aller Tageszeitungen. Außerdem war ich viel zu aufgewühlt. Ich kam endlich nach Hause.

Wir landeten am damaligen Flughafen „Idlewild" in New York. Alle Passagiere wurden gebeten, die Maschine zu verlassen. Nur ich sollte noch warten. Die Polizei bildete Spalier bis zum Flughafengebäude. Meine Pressekonferenz in Berlin hatte scheinbar ein solches Aufsehen unter den Sowjets erregt, dass man um meine Sicherheit fürchtete. Ich wurde angewiesen, nach Verlassen des Flugzeuges so schnell wie möglich zum Flughafengebäude zu laufen, ohne nach rechts und links zu schauen. Ich wurde im Eiltempo durchgeschleust, ohne Passkontrolle und saß innerhalb von Sekunden in einem Wagen auf dem Weg in das Stadtzentrum New Yorks.

Man brachte mich in ein Hotel unmittelbar neben dem CBS-Gebäude. Dort sollte ich übernachten und mich für die „Morningshow" bereithalten. Dave Gellowey war damals einer der bekanntesten Talkmaster in den USA und moderierte diese Sendung. Meine Eltern hatte man schon Tage zuvor nach Washington geflogen. Geplant war, unser Wiedersehen in der „Face the Nation" Show auszustrahlen. Ich hatte davon keine Ahnung und glaubte meine Eltern in Detroit. Nun war ich aber in New York gelandet. Meine Eltern mussten also schnellstens ins New Yorker CBS-Gebäude. Ich war bereits dort angekommen. Als ich das CBS-Gebäude betrat, bat man mich, am Fahrstuhl zu warten. Ich verstand nicht, warum, warum hier warten? Meine Begleiter schauten unruhig auf die Uhr. Und dann endlich fuhren wir in die 17. Etage. Dort sollte das Interview stattfinden. Am anderen Ende des Gebäudes warteten bereits meine Eltern ebenfalls im 17. Stock und mich ließ man immer noch ahnungslos. Entlang des halbrunden Ganges hatte man Kameras installiert. Ich war auf dem Weg in das vermeintliche Studio, als wir uns auf dem Gang entgegenkamen. Der Augenblick unseres Wiedersehens lässt sich nicht beschreiben. Meine Mutter brach in Tränen aus und ich war selig, wieder in den Armen meiner Eltern zu liegen.

Das Wiedersehen mit meinen Eltern nach neuneinhalb Jahren.

Es waren neuneinhalb Jahre, in denen ich Mama nicht gesehen hatte und viereinhalb Jahre, seitdem ich Vater in Buchenwald verlassen musste. Im Interview verzichtete man auf alle militärischen, politischen oder wirtschaftlichen Fragen. Man hatte nur persönliche, private Fragen: „Was ist das für ein Gefühl, wieder in Amerika zu sein?" Es war mir unmöglich, diese Frage zu beantworten. Ein solch wunderbares Gefühl, wieder frei in Amerika zu sein!

Jetzt musste ich nicht mehr auf jedes Wort achten und ständig über die Schulter schauen. Ich fühlte mich auf einmal sicher. Ich konnte es so schnell nicht fassen. Ich war frei!

Nach dieser ersten Fernsehsendung eilten wir zum Bahnhof, um schnellstens nach Washington zu gelangen. Ich sollte dort vor dem Kongress sprechen. Alvin Bentley erwartete mich. Er war Abgeordneter von Michigan und hatte sich während meiner Haft für mich eingesetzt.

ALVIN M. BENTLEY
EIGHTH DISTRICT, MICHIGAN
1038 NEW HOUSE OFFICE BLDG.

PHONE:
NATIONAL 8-3120, EXT. 575

HOME ADDRESS:
OWOSSO, MICHIGAN

COMMITTEE ON FOREIGN AFFAIRS

Congress of the United States
House of Representatives
Washington, D. C.

EXECUTIVE SECRETARIES:
ELWOOD M. BRAKE, JR.
IONIA
ROBERT L. RICHARDSON
SAGINAW
ADMINISTRATIVE SECRETARY:
MISS THELMA LALIS
OWOSSO OFFICE:
MRS. DELORES TYLER

August 16, 1954

Mr. Charles A. Noble
80 Seward, Apartment D-9
Detroit 2, Michigan

Dear Mr. Noble:

With reference to your visit of July 31, I am enclosing a copy of a communication just received from the State Department and concerning efforts made on behalf of your son who is a prisoner of the Soviet government.

As you can see, the Department has left the question of an approach to President Eisenhower entirely up to your decision. If you should wish such an approach be made, I will be happy to take the matter up at the White House as soon as possible.

With kind regards, I remain

Sincerely yours,

Alvin M. Bentley

Alvin M. Bentley, M. C.

AMB:dt
encl.

Brief von Benthley an meinen Vater vom 16. August 1954.

Nachdem meine Karte aus Workuta in die Hände meiner Eltern gelangt war, hatten sie diese Herrn Bentley anvertraut. Nachdem Bentley meine Karte dem State Department vorgelegt hatte, sandten die US-Behörden insgesamt acht Noten über die amerikanische Botschaft in Moskau an die Sowjetregierung. Keine von ihnen wurde beantwortet. Als Bentley über das State Department keinen Erfolg sah, nahm er die Karte zurück und legte sie im Ovel Office Präsident Eisenhowers vor. Ohne auf eine Resonanz zu warten, verlies er das Weiße Haus und berief sofort eine Pressekonferenz ein. Er erklärte die Umstände, soweit sie ihm bekannt waren und das sich Präsident Eisenhower persönlich für John Noble einsetzen wird. Am 31. Dezember 1954 kündigte die Sowjetregierung dem State Department die Entlassung von zwei Amerikanern an, John Noble und William Martschuk. Was die US-Behörden nicht wussten, zu diesem Zeitpunkt hatte man uns bereits seit fünf Monaten in Potma auf die Entlassung vorbereitet. In dieser Note vom 31. Dezember wurde die Entlassung im Austausch mit elf russischen Kindern, die sich im Westen befanden, vorgeschlagen.

Seite 2 — Montag, 3. Januar 1955 — Nr. 1

Tausch mit Menschen

Zwölf Kinder für zwei Amerikaner

Washington (up). Eine sowjetische Note, die an Silvester der amerikanischen Botschaft in Moskau übergeben wurde, kündigt nach Mitteilung des amerikanischen Außenministeriums die Entlassung zweier Amerikaner aus sowjetischem Gewahrsam an und spricht gleichzeitig die Hoffnung aus, die Vereinigten Staaten würden drei in Amerika und neun in Deutschland lebende Kinder sowjetischer Bürger an die Sowjetunion zurückgeben.

Diese elf Kinder waren in den Vereinigten Staaten geboren. Ihre Eltern, Russen, wurden von den Sowjets genötigt, nach Russland zurückzukehren. Aber ihre Kinder wollten sie in Freiheit wissen und ließen sie zurück. Auf Grund der Note der Sowjetregierung hatte das Oberste Gericht in New York entschieden, die Kinder sind amerikanische Staatsbürger und dürfen nicht gegen den Willen ihrer Eltern den Sowjets ausgeliefert werden.

Obwohl es zu keinem Austausch kam, hatte man trotzdem unsere Entlassung durchsetzen können.

Nach einer kurzen Rede vor dem Kongress wurde ich vor das Auswärtige Politische Komitee gebeten. Über die Fragen einiger Mitglieder in diesem Forum war ich allerdings sprachlos. Soviel Naivität hatte ich nicht erwartet. „Hast du während deiner Lagerzeit in Russland deine geliebte Sportmannschaft verfolgen können?" Ich war entsetzt. Man fragte mich, was ich von Marylin Monroe halte. Über den Bericht meiner Erlebnisse in Russland waren sie perplex.

Im State Departement, dem Auswärtigen Amt, wurden mir Dokumente und Fotos vorgelegt. Man bat mich, mir möglicherweise bekannte Personen zu identifizieren. Das State Department hatte Kenntnis von 5.009 Amerikanern, die sich noch in Russland befanden. Aber von den vielen, die dort schon umgekommen waren, wussten sie scheinbar nichts.

Nach einiger Zeit bestellte man mich ins Pentacon, um etwas über den Stand der militärischen Rüstung in Russland zu erfahren. Dazu konnte ich nur wenig sagen, aber ich hatte von anderen Häftlingen Produktionszahlen gehört, die ich weitergeben konnte. Man befragte mich über William Martschuk. Vor seiner russischen Gefangenschaft war er in einer geheimen Militärabteilung in den USA tätig. Selbst gebürtiger Russe, beauftragte man ihn, russische Offiziere, die in den Westen geflohen waren, zu verhören. Er hatte die Akten gesammelt und eines Tages, nach seinen Angaben war er betrunken, diese in den Osten geschmuggelt. Dort übergab er die Akten von etwa 2.000 russischen Offizieren den Sowjets. Man nahm sie gern an. Anschließend wurde er sofort festgenommen und nach Workuta verbannt. Jetzt, wieder zurück in den USA, stellte man ihn vor ein Militärgericht und verurteilte ihn wegen Landesverrat zu zwölf Jahren Haft. Man fragte mich, ob die Aussage Martschuks im Lager, er repräsentiere nicht Amerika, ihn gehe es nichts an, was Leute von Amerika denken, so stimmte. Offensichtlich war durch die Entlassung anderer Häftlinge aus Potma, vielleicht auch Deutscher, den US-Behörden die Aussage Martschuks übermittelt worden. Ich versuchte, die Umstände zu erklären, musste es aber bestätigen. Auch zu Verdin wurde ich befragt. Ich konnte bestätigen, ihn am 2. Januar zuletzt in Potma gesehen zu haben. Die Sowjets wollten ihn weiterhin verleugnen und hielten ihn immer noch fest. Nach etwa zwei Monaten bekam man ihn frei. Ich besuchte ihn noch im gleichen Jahr. Er wollte unter keinen Umständen über die Vergangenheit sprechen. Obwohl er noch jung war, Anfang 30, ist er kurze Zeit später gestorben.

In der Pressekonferenz in Berlin hatte ich den Namen Al Dolgun erwähnt. Daraufhin war seine Schwester nach Washington gereist, um mit mir zu sprechen. Ihr Bericht stimmte mit dem, was ich gehört hatte, überein. Also musste es tatsächlich Al Dolgun gewesen sein. Er saß noch immer im politischen Gefängnis in Moskau. Das State Department war der Auffassung, eine andere Person stecke dahinter. Hätte das State Department meine Worte ernst genommen, wäre Al Dolgun damals, 1955, frei gekommen. Er überlebte, wurde aber erst 1971 entlassen.

Endlich konnte ich nach einem anstrengenden Tag mit meinen Eltern nach Detroit fliegen. Am Flughafen empfingen uns der Bürgermeister von Detroit und viele, viele Bekannte meiner Familie. Auch mein Bruder mit seiner Familie war gekommen.

Begrüßung durch meinen Bruder mit seiner Familie am Flughafen in Detroit.

In den folgenden Wochen war ich täglich auf der Vorderseite der Detroiter Zeitungen. Jede Kleinigkeit wurde registriert und gedruckt, was ich tat, was ich dachte, wo ich hinging. Mir war es zu viel. Ich wollte wissen, was in Amerika geschah. Viele Theorien und Gedanken, die mir schon unter Hitler und in der Sowjetunion begegnet waren, fanden sich auch in den amerikanischen Köpfen.

Innerhalb unserer Familie kam bald die Frage nach unserem Kamerawerk in Dresden auf. Man zeigte mir Bilder von der „Praktica" und „Praktina", die „Praktina" mit dem Prisma, das ich als junger Bursche entwickelt hatte und das heute noch in fast allen Spiegelreflexkameras verwendet wird. Das Werk war, wider dem Alliiertengesetz, enteignet worden. Der größte Teil der Produktion wurde in die USA exportiert. Vater erzählte mir, was er schon alles unternommen hatte, um das Werk zurückzubekommen oder wenigstens Entschädigung zu erlangen. Aber da Ostdeutschland von der US-Regierung noch nicht anerkannt wurde, gab es keine Möglichkeit, etwas zu erreichen.

Als ich am Abend zur Ruhe kam und meine Augen schloss, hörte ich die Worte aus Workuta wieder: „Amerikanitz, gedjosch domoi!" (Amerikaner, du gehst nach Hause!). Ich hatte es nicht glauben wollen und nun war es wahr. In dieser Nacht in Workuta, waren Männer zu mir gekommen, mit denen ich gearbeitet hatte, aber auch andere Häftlinge, die ich nicht kannte. Sie baten mich eindringlich: „Wenn es wahr ist, dass du nach Hause kommst, wenn es wirklich wahr ist, dass du frei sein wirst, ich habe eine Tante in London oder, ich habe einen Cousin in Paris, finde sie bitte und benachrichtige sie. Sag ihnen, dass ich hier bin, dass ich noch lebe!" Und einige sagten: „Ich habe niemanden, es gibt keinen mehr aus meiner Familie. Trotzdem habe ich eine Bitte: Wenn du frei kommst, wenn du wieder in Freiheit bist, sag der Welt, was hier geschieht!"

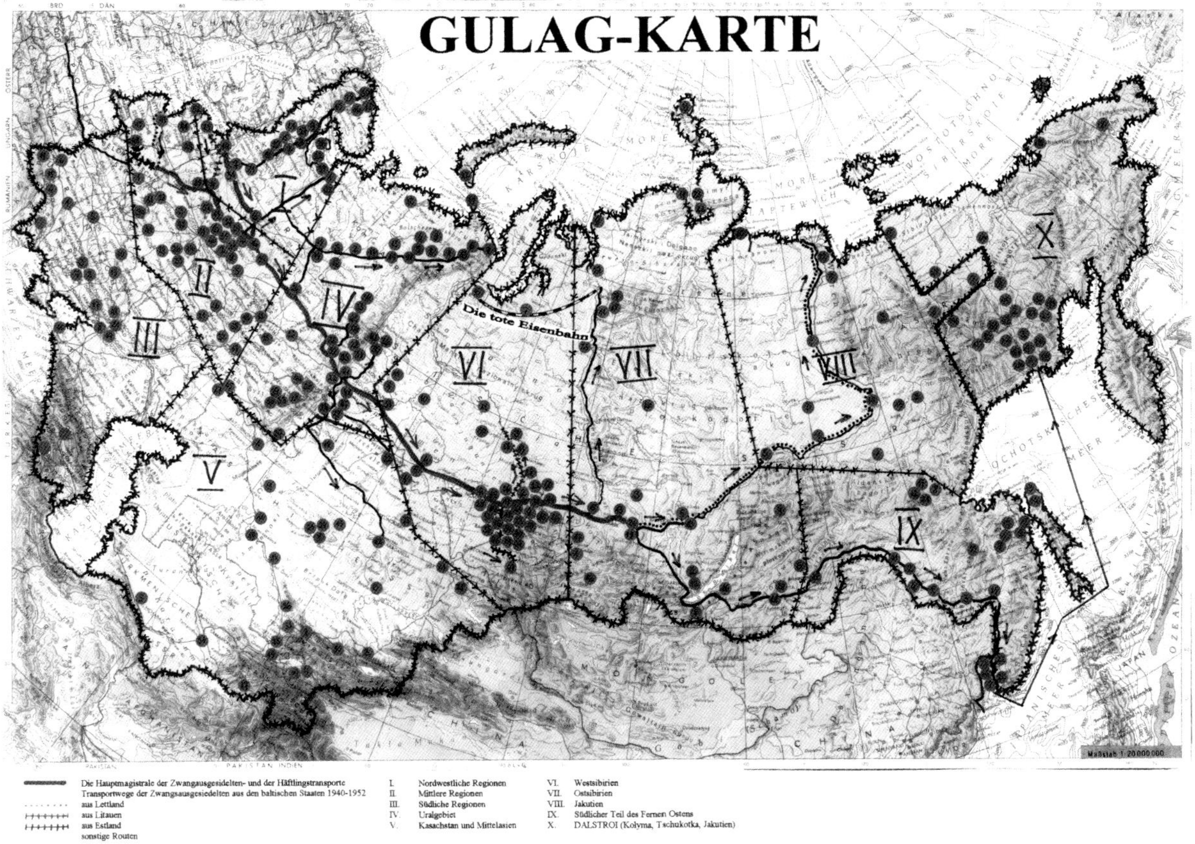

Zwangsarbeitslager der Sowjetunion
Stand: 1955

Notizen

Als ich am 8. Januar 1955 ins Krankenhaus in Berlin kam, machte ich meine ersten Notizen der Namen und Ereignisse, die mir im Gedächtnis bleiben sollten.

MUENCHNER-PLATZ PRISON

SOVIET OFFICERS ;

Col.	Wokowitzki	Bautznerlandstr.114
Gen.	Klebov	NKVD / KPZ Germany
Capt.	Pankov	chef interrogator
Capt.	Kartoschkin	
	Siminyuk	
	Rosinski	asst. prison comander
	Olga	chef interpreter
	Stepanenkov	asst. to Gen Klebov

HEAD PRISONERS;

Jan Timcheff	work overseer
John Noble	keeper of records
Dr. Schroeder	medical doctor

INMATES;

Dr.Nestle, Dr.Ring, C.Helbig, S.Schultz, H.Mueller Mrs.Mutschman, R.Fuchs, E.Dahay, Rohner, v.Stein, Jordan, Fr.Schultz, Schuster, Philimonowitch, Christina Schuck, Junior O'Connor, Chas.Noble, Vera, E.Weitert, Trample, Dr.Roth, Nadia, Dr.Richter, Dirsche, Effenberger.

DATES AT MUENCHNERPLATZ PRISON

JULY 21.45.	I arrived from Bautznerlandstr. 114
July 28-30	no food for all 700 prisoners
Aug. 2-14	no food, 670 died
Sept. 7.	first cellmate for 1 day, Dr.---
Nov.	Olga brought clothes from my home
Nov.	Stepanenkov now prisoner, head worker
Dec. 24	cellmate , forestry student
Dec. 28	first bath,schave,haircut
Jan. 6.46.	work, distrib. food , water 2nd floor
March 46	assigned to office work in cellblock
April 46	Tribunal begins to work
May 1946	12 men executed at Albrecht Schloss berried under balcony at A.Schloss.
May 1946	25 NKVD officers arrested, deserters
June 46	Court sentences everyone to death
Aug. 4.46	Gen. Klebov orders investigation
Aug.22.46	Capt. Pankov asks questions,stops work
Aug.31.46	transport to Muehlberg 6am

Totals according to records till Aug.22.46:
21,000 inmates, 700 died, 3-400 executed, 15 released.
All others sent to Bautzen. Muehlberg or single transport to other prisons.

SOVIET CAMP MUEHLBERG

SOVIET OFFICERS;

Col. Saizikov	camp commander
Capt. Polfuntikov	asst. camp commander
Capt. Litvinov	
Capt. Norajanov	chef political officer
Heit	
Dr. Katz	chef medical officer

HEAD PRISONERS;

Walter Haller	internal camp commander
Fickert	asst. camp commander
Hoffman	
Rhote	
Braun	
Harnacker	

INMATES;

H.Vietor, G.Guehlichewr, Dr.Rau, E. Meffert, W.Brenschek, Buchmann, Boetcher, Dr.Zahn, C.Noble J.Noble, Dr, Eufinger, Ing.Drecher, Prof.Keller, Dieter Nolte, Hasso v.Poser, von Zitzewitz, Reshek, Steinmetz, H.Spanknoebel, Ehrentrout v.Suedwick- E.A.Specht, K.Faith, S.De la Rue, Ramona, Stuck, Eve Robinson, U.Schultz, E.Rexikowski, Curt Helbig, C.Hartung, W.Meyer, Simader, Jakopowski, Simpson, Winkler, M.Fisher, M.Brummer, Sigfried Hutka, Stuck, Lang, Buschendorf, Adelung, Hermecke, Detze, M.Stein, E.Weitert.

DATES FOR CAMP MUEHLBERG

Aug.31.1946	I arrived , approx. 16,000 men, few women
Dec.24.	72 men died , norm 12 to 15 per day
Dec.26	Norajanov called dad, should not be here.
Jan, 4.1947	1200 healthy inmates to quarentine 30-34
Feb. 7.	800 on transport to USSR
Feb.16.	I started job in food storage, barrack 2
mid 1947	2000 arrived from Jamlitsch-Ketschendorf
Fall 1947	Kitty Faith put into torture, no return
Fall 1947	Ramona forced abortion to save citizensp,
Nov 16	I had operation by Dr Eufinger
Nov 23	Norajanov orders me into torture cell
Dec 16	back to hospital barrack
Jan. 1948	Specht called to Norajanov daily
June 1948	releases
July 1948	releases
Sept. 20	Transport of over 3000 to Buchenwald
Sept. 30	remaining 200 distroy camp Muehlberg

Totals from Muehlberg: (Aug.46-Sept.48) 18,000 inmates, 8-9000 died, 4000 on transport, 6-7000 released.

SSOVIET CAMP BUCHENWALD

SOVIET OFFICERS;
Capt. Polfuntikov
Capt. Norajanov
Dr. Katz

HEAD PRISONERS;
Kazamir

INMATES;
Dr.Potschka, Schaefer, Albrecht, Dr.Sauder, Ritter v.Holt, De la Tree, Dante, plus many from Muenchner Platz and Muehlberg.

INMATES TO WEIMAR OR USSR;
Dr.Potschka, Simader, F.Volk, Scharf, Steinmetz, Arno, Verdine, Pittinger, Homer Cox.

DATES FOR CAMP BUCHENWALD

Sept 22 1948	Arrived by train in Buchenwald.
Sept 23	General inspection by Dr.Katz now 14,000
Easter 1949	-Dress up, Dibelious is visiting Buchenwald
June 1949	Dad and I get job pulling ox-cart makimg gravel and hauling ashes , gravel
Nov. 1949	Taylors and shoemakers report to work
Dec. 1949	Remaining 4000 get numbers accd.to alphab.
Jan. 15.1950	Release of # 1-150
Jan. 16	Release of # 151-300
Jan. 17	Release of # 301-449 plus E.A.Specht
Jan. 18	Release stopped
Jan. 22	New investigations start
Jan. 31	Start of internal camp arrests of 644 who saw or heard too much to be released.
Feb. 3	I was arrested and sent to Erfurt-Weimar.
Feb. 10	Rest 2900 shipped to Waldheim , camp closed.
Mar. 13	Official warrent for arrest in Erfurt
Apr. 20	Transport to Weimar cell with 9 men
Aug. 8	Sentence 15 years, no trial, no judge
Aug. 10	Transport by van to Lichtenberg-Berlin
Aug. 17	Transport through Poland to USSR-Moscow 644
Aug. 23	Arrival in Orscha. Prison only solid house.
Aug. 25	Transport on Stalopinski train to Moscow
Aug. 27	Arrival in Moscow Krasnaja Prest prison.
Aug. 31	Transport on Stalopinski to Vologda.
Sept 3	Vologda, Katherin the Great prison, blatnoi
Sept 7	Transport in cattle car to Vorkuta
Sept 14	Arrival at Vorkuta.

SOVIET SLAVE-CAMP VORKUTA

SOVIET OFFICERS;

Gen. Derewienkov	Commander of Vorkuta
Col. Burtaiev	Officer for restriction and punishment.
Diochtin	Min.of Interior Komi-ASSR, Vorkuta-ugol.
Gen. Maslenikov	Assis. Min. MVD-USSR
Maj. Bogamolov	Commander camp 3
Maj. Tschevtchenkov	Commander camp 3 1951-1954
I.Lt.Buikov	Restriction camp 3
Lt. Chereb	Security inspector 3
Lt. Antrashkevitz	Camp-prison camp 3, restriction camp 10
Maj. Dolugin	Commander camp 10
Maj. Korovin	Anti-Strike agent, 1954 camp commander camp 10
Maj. Bolbenkov	Comm. mine dept. 2
Maj. Ivanov	Security mine dept 2
Maj. Tamara Archilovna	Sov. Spitzbergen mines, chef ing. dept 2

SOVIET COAL-MINE OFFICERS

Bejeliev	Chef ing. coal-mine 16
Tschumboritze	Dept.manager - transp.
Djolobov	Dept. manager
Schuiski	Dept. manager
Schmidt	Dept. manager
Grichin	Dept. manager

HEAD PRISONERS

Dickmann, Sewerenkov, Ivanov, Rochmanov, Bertnikov, Kior, Gorewitsch, Igor, Jorka, Wolkov, Nemeth, Orlov, Kolozin, Kolzov, Smirnov, Konski, Jakolev, Arkadi, Baranauskas, Wlasilewski.

INMATES: CAMP 3

Eichendorf, Riedler, Bespalo, Stonitz, Malinauskas, w.Lazowski, I.P.Lipka, A.Romanenko, J.Maximov, Laks, W.Mirschenkov, Sketschkauskas, Schivokas, Babrauskas, Stepanis, Buda, Gustas, Eltrimanis, Tatonschak, Jurawski, Kowalov, Seweruchtschenkov,Wilsinsch, Dula-Dulin, Petrowski, Andreif, Weissmann, Gaertner, Birk, Boetscher, Engst, G.Engel, Vorkash, Siebert, Fischer, Kulak, Simkowitsch, Martinjuk, Nistiruk, Trafimschuk, Voigtlaender, Rene Ferek, Mutsius, Machnevitchus, Raabe, Rinne, Gebrashwili, Kalnitzki, Boehm, Wallberg.

INMATES; CAMP 10

Kluge, Blank, C.Chapman, Tschereschnikov, Ulmann, Baumanis, Vlasilewski.

DATES AT SLAVE-CAMP VORKUTA

Sept 14	1950	Arrival at Vorkuta. close to 400,000 men 100,000 women
Sept 26		Moved to camp 3 mine 16, prisoner 1E 241
Sept 30		Assigned to brigade 139 transportation
Oct. 25		Broke 3 ribs.
Jan. 1	1951	Brigade 135, 900 feet underground.
April	1952	Start paying up to 100 Rubles per month.
Feb.	1952	Was put in charge of officers bath.
Mar, 5		Stalins death. We heard of it the next day.
June 17		We heard of riot and death in Berlin.
June		Students from Poland arrive in camps.
July 10		Beria arrested. We should be free!!
July 12		Strike beginns at Vorkuta
July 24		Camp 3 joins strike. Shooting at camp 3.
July 29		Gen. Maslenikov talks to camps
Aug , 1		Mass shooting 11am. 110 killed,600 critical
Aug, 4		7000 new prisoners arrive, new explosions.
Aug. 7		Mass arrest of MVD officers.
Jan.	1954	Medical examination for ebveryone.
Mar. 5		Forced march to camp 10 mine 29
Mar, 6		Start work im lumberyard.
May 13		Smuggled card to Oberaula out.
June 9		Report to commander,prepare to leave.
June 10		Met Verdine and Marchuk at camp 5. Left Vorkuta in civilian traincar 2pm.
June 14		Arrived in Moscow. Butirskaja prison.
June 16		Taylor took measurements for new clothes.
June 28		Try on mew clothes. One of everything,
June 29		Transfer by train to Potma.

SOVIET REPATRIATION CAMP POTMA

SOVIET OFFICERS;

I.Lt. Litvinenkov	Political officer
Maj. Baron	Intelligence officer

HEAD PRISONERS;

Janshi

INMATES;

Wm. Verdine, Wm.Marchuk, Helen Weiss, Michael Weiss H.Schick, Madras, Lydia Gorskaja, Roslanova, Jung, Schiradow, Micheal Kallai, Zwetko, Zarndt, Mishke, Effenberger, Zimmerman.

DATES FOR CAMP POTAM

June 30.1954	Arrival at Potma. 380 men , 15 women. Heard of 8 U.S.airmen downed over the Baltic Sea April 1950 , held at Vorkuta.
July 19	Wrote card to Berlin, Baron wants to stop it
Sept.24	First parcel. Picture with Detroit address.
26	First card responce.
Sept.28	Take over care of T.B. barrack 12 men
Nov.	Talk to Gorskaja about N.Khrushchov.
Dec.	President Eisenhower send note to Bohlen for Pimire Malenkov.
Jan. 2.1955	Arrive in Moscow-Buekova. Gen.Paulus home.
Jan. 5	Visit city of Moscow in prison car.
Jan, 6	10;10am leave Moscow on Blue-Express for Berlin with Martchuk, not Verdine.
Jan. 8	2;50pm arrival in East Berlin. 3;45pm crossed checkpoint Charlie--Freedom.
Jan. 11	Press conference in Army hospital Berlin.
Jan. 17	1;30am arrival in New York.

Anmerkung

Unmittelbar nach dem Freikommen John Nobles fand am 11. Januar 1955 die Pressekonferenz statt, die in der Weltöffentlichkeit großes Aufsehen, bei den Russen aber gewaltige Beunruhigung hervorrief. Kurz darauf erschienen am 19. Januar 1955 Veröffentlichungen in den einschlägigen Tageszeitungen der DDR, verfasst vom damaligen sächsischen Ministerpräsidenten Max Seydewitz, später auch von seiner Frau Ruth. Darin wird erstmalig die Behauptung aufgestellt, dass Charles Noble vom Balkon seiner Villa „San Remo" aus den Luftangriff von 1945 auf Dresden gesteuert habe. Damit wird die Familie auf das Bösartigste diffamiert, die Berichte John Nobles aus den russischen Lagern sollen Lügen gestraft werden.

John Noble hatte in seiner neuneinhalbjährigen Gefangenschaft das wahre Gesicht des „stalinistischen Kommunismus" gesehen und begann nun, zu berichten. Die DDR-Propaganda musste sich etwas einfallen lassen und so wurde die „Noble-Legende" geboren. In seinem Buch „Die unbesiegbare Stadt" manifestiert Max Seydewitz seine Idee, die Nobles als amerikanische Ungeheuer darzustellen, die mit Freude und Genuss der Zerstörung Dresdens zuschauten.

Zu DDR-Zeiten verkündete ein Messingschild, angebracht am Tor der Villa „San Remo", von der Greueltat der Nobles. Sie wurde Bestandteil des Geschichtsunterrichtes und noch heute kann man manchen Dresdner Stadtführer davon „berichten" hören.

Dresdens Vernichtung von Dresden aus gelenkt

Von Max Seydewitz, Abgeordneter der Volkskammer unserer Republik

Westberliner Zeitungen veröffentlichen in diesen Tagen Hetzberichte des Amerikaners John Noble, ohne mit einem einzigen Wort auf die verbrecherische Rolle einzugehen, die er und sein Vater als imperialistische Agenten während des Nazikrieges in Dresden spielten. Über die Vergangenheit der Nobles und ihre Tätigkeit in Deutschland gibt das Buch des Volkskammerabgeordneten Max Seydewitz „Zerstörung und Wiederaufbau von Dresden" genauere Auskunft. Nachfolgend veröffentlichen wir Auszüge aus einem Kapitel dieses Buches, das in Kürze im Kongreß-Verlag erscheinen wird.

In der letzten Phase des Krieges hatten manche der wichtigen englischen und amerikanischen Agenten, die im Auftrag ihrer Herren in Deutschland saßen, sich auch den Naziführern zu erkennen gegeben. Mancher Dresdner wird sich gewundert haben, daß in der schönen großen Villa San Remo auf dem Weißen Hirsch, unmittelbar neben dem Luisenhof, ein amerikanischer Staatsbürger namens Noble mit seiner Familie wohnte, der wie ein Millionär lebte und dem keine Nazibehörde irgendwelche Beschränkungen auferlegte, geschweige denn ihn internierte, wie man das im Krieg gewöhnlich mit feindlichen Ausländern tat.

Dank der guten Arbeit des von den Naziführern wohlinformierten Mister Noble war das anglo-amerikanische Oberkommando über die Verhältnisse in Dresden aufs beste informiert. Der britische Luftmarschall Harris und der Oberkommandierende der amerikanischen Luftwaffe, General Spaatz, wußten ganz genau, daß Dresden mit Flüchtlingen und Verwundeten überfüllt war. Sie kannten genau die Lage der dichtbevölkerten Stadtteile in der inneren Stadt, die Lage des Zwingers und der Frauenkirche, die Lage der anderen Kulturdenkmäler und Kirchen. Sie waren auch informiert, wo in Dresden die militärischen Objekte lagen, auf die am 13. Februar k e i n e Bomben abgeworfen wurden. Ausdrücklich verboten war den Fliegern, Bomben auf den Weißen Hirsch abzuwerfen; denn das anglo-amerikanische Oberkommando wollte auf keinen Fall das Leben des in diesem Stadtteil wohnenden, ihm so wertvollen Agenten gefährden. Darum war der Weiße Hirsch einer der wenigen Stadtteile Dresdens, die von den Luftangriffen am 13. und 14. Februar verschont blieben.

Obwohl die Naziführung ganz genau wußte, daß der Terrorangriff auf Dresden von Mister Noble dirigiert worden war, hat sie auch nach dem an der Kunststadt Dresden und ihrer Bevölkerung begangenen furchtbaren Verbrechen diesen Amerikaner nicht verhaftet und abgeurteilt. Die Gründe dafür finden wir in einem Telefongespräch, das Goebbels am 14. Februar um 4 Uhr morgens mit dem in Grillenburg in Sicherheit sitzenden Mutschmann führte. In diesem Telefongespräch über die Wirkung der Luftangriffe auf Dresden, das mitstenographiert wurde und dessen Niederschrift am Ende des Krieges noch vorlag, beauftragte Goebbels den sächsischen Gauleiter, „die Verbindung zu Noble nicht abreißen zu lassen"; denn „der Mann ist nicht mit Gold zu bezahlen". Das bezog Goebbels auf die von Noble den Naziführern für die Zeit nach der Kapitulation zugesagte Unterstützung. Man kann sich vorstellen, was Mutschmann und Noble bei ihren ganz geheimen Zusammenkünften über diese Frage geredet haben mögen.

Die Mutschmänner, Goebbels und Konsorten wollten gemeinsam mit den Nobles, mit den Herren, die den Befehl zur Zerstörung Dresdens gegeben haben, in den letzten Wochen des Krieges noch möglichst viel von dem Teil Deutschlands zerstören, der auf der Konferenz in Jalta als künftige sowjetische Besatzungszone festgelegt worden war. Die furchtbaren Leiden, der ungeheuerliche Schaden, der damit dem deutschen Volk zugefügt wurde, war diesen Verderbern Deutschlands völlig gleichgültig. Ihnen kam es nur darauf an, sich bei ihren neuen Herren, den amerikanischen Imperialisten, anzubiedern, um auf diese Weise ihr vielfach verwirktes erbärmliches Leben aus der von ihnen verschuldeten Katastrophe zu retten.

Das ist die Villa San Remo in dem von amerikanischen Bomben verschonten Dresdner Stadtteil Weißer Hirsch. Hier wohnten die Nobles, jene amerikanischen Agenten, die beauftragt waren, die Zusammenarbeit der Wallstreet mit dem Naziregime gegen die Sowjetunion zu organisieren.

Foto: Mohn

Die Familie Noble ist auch nach Beendigung des Krieges noch einige Zeit in ihrer schönen Villa San Remo wohnen geblieben. Sie hatte den Auftrag, die Agentenarbeit, die sie in Dresden schon während des Krieges gegen die Sowjetunion geübt hatte, nach dem Krieg in der sowjetischen Besatzungszone fortzusetzen. Aber da Mutschmann, der als Gauleiter immer den starken Mann und brutalen Diktator gespielt hatte, sich nach seiner Verhaftung als erbärmlicher Feigling und Jämmerling erwies, hat er wahrscheinlich alles auch über seine Zusammenarbeit mit Noble und über dessen Tätigkeit ausgesagt.

Jedenfalls hat man den Nobles frühzeitig die weitere Ausübung ihres verbrecherischen Handwerks unmöglich gemacht. Die schöne Villa San Remo wurde erst Gästehaus der Stadt Dresden und später Klubhaus für die Kulturschaffenden. Von der Veranda dieser auf der Höhe des Weißen Hirsches gelegenen Villa kann man die ganze Stadt übersehen. Gewiß haben die Nobles in der Nacht des Faschingsdienstags darauf gewartet, daß pünktlich, wie vereinbart, die „Christbäume" über der nachtdunklen Silhouette Dresdens auftauchen und den Bomben das Ziel zeigen würden. Gewiß haben die Nobles dann am Fenster der Veranda von San Remo gestanden, das grauenhafte Schauspiel der auflodernden Flammen und den Zusammensturz der kostbaren Kulturdenkmäler genossen und mit hämischer Befriedigung die Zerstörung der Kunststadt Dresden und damit die Erfüllung des von ihnen dirigierten und mit Unterstützung der Naziführer ausgeführten Auftrags festgestellt.

Die am Ende des Krieges erfolgte Zerstörung der Kunststadt Dresden ist nur ein Beispiel für die Verbrechen, welche sowohl die deutschen Imperialisten, Militaristen und Faschisten als auch die anglo-amerikanischen Imperialisten bei ihrer damals noch geheimen Zusammenarbeit am deutschen Volk begangen haben. Nach dem zweiten Weltkrieg arbeiten die in- und ausländischen Verderber Deutschlands schon seit längerer Zeit ganz offen zusammen, und das Kernstück dieser Zusammenarbeit ist die Vorbereitung eines neuen imperialistischen Raubkrieges, die Vorbereitung neuer furchtbarer Verbrechen gegen die Völker.

In „United States Strategic Bombing Survey" wurde festgestellt, daß es zu Beginn des Luftkrieges gegen Deutschland schwierig war, die richtigen Ziele ausfindig zu machen, da die USA damals in Deutschland noch keinen funktionierenden Spionageapparat hatten und es dem Kommando der Luftwaffe an Informationen über kriegswichtige Ziele fehlte. Wörtlich heißt es darüber in dem amtlichen amerikanischen Bericht:

„Es gab zwischen militärischen und anderen Organisationen — gleich, ob sie privat oder staatlich waren — keine Zusammenarbeit. Diese wurde erst während des Krieges entwickelt. Die Erfahrung hat uns gelehrt, daß es klüger ist, solche Institutionen ständig (also auch im Frieden — d. Verf.) existieren zu lassen."

Entsprechend diesem Vorschlag haben die amerikanischen Imperialisten nach Beendigung des Krieges ihren in Deutschland geschaffenen Spionageapparat aufrechterhalten und weiter ausgebaut, um sich mit ihm ein Instrument für den von ihnen vorbereiteten nächsten Krieg zu schaffen. Unter den heutigen Mitarbeitern der amerikanischen Spionagezentrale sind viele vom Gericht verurteilte, aber von den Amerikanern aus den Zuchthäusern befreite nazistische Kriegsverbrecher. An der Spitze der auf diese Weise verstärkten faschistischen Spionageorganisation steht der Nazigeneral Gehlen, dessen leitende Mitarbeiter ehemalige SS- und Gestapoführer sind. Die Tätigkeit der Gehlen-Organisation ist ein Musterbeispiel dafür, wie amerikanische Imperialisten und deutsche Faschisten bei der Vorbereitung eines neuen Krieges ganz offen zusammenarbeiten.

Die Völker müssen den Kriegstreibern ein ganz dicken Strich durch die Rechnung machen; denn sie werden die Leidtragenden sein, wenn es den deutschen und amerikanischen Imperialisten gelingt, den dritten Weltkrieg zu entfesseln, auf den beide — wenn auch aus verschiedenen Motiven und mit verschiedenen Hoffnungen — gemeinsam hinarbeiten.

Artikel der Sächsischen Zeitung vom 19. Januar 1955

1979 erhielt John Noble überraschend ein Schreiben Seiner Hoheit Aleksei Nicholaevich Romanoff, jüngster Sohn des letzten russischen Zaren, mit dem Anliegen, ihn in den Orden „Souverein Order of Saint John of Jerusalem / Ritter von Malta“ aufzunehmen. Romanoff hatte von der Geschichte John Nobles erfahren. Die selbstlose, lebensgefährliche Rettungsaktion Johns kurz vor seiner Entlassung in Potma sollte ihre späte Würdigung erfahren. Am 2. November 1979 wurde John Noble durch Prinz de Boure in Anwesenheit von 400 Ordensmitgliedern in den Ritterstand erhoben.

Sovereign Order of Saint John of Jerusalem

DIPLOMA

In nomine Patris, et Filii, et Spiritus Sancti. Amen.

Be it remembered that His Imperial Majesty, Paul I, Emperor of All the Russias, elected 70th Grand Master of the Sovereign Order of Saint John of Jerusalem, preserved and continued the sovereign integrity of our Holy Order through the historical decrees, letters, proclamations and treaties of Jan. 15, Nov. 29, 1797; Aug. 26, Oct. 26, Nov. 5, 13, 29, 1798; Feb. 15, and July 1, 1799; Etc., etc.; and with the concurrence and authority of the Chapter General of Knights then sitting at St. Petersburg, Russia, reaffirmed the existence and perpetual nature of the Hereditary Family Commanderies, created additional Hereditary Commanders and Hereditary Knights Justice, and recognized the Hereditary Knights as the guardians of the Sovereign Order and the foundation of its government, to ensure forever the succession and survival of the Sovereign Order of Saint John of Jerusalem.

Now, therefore, the Government of the Sovereign Order, established by the supreme authority and direction of the Hereditary Knights of our Order to promulgate the traditions, history and continuity of the Sovereign Order of Saint John of Jerusalem, orginating in 1048 A.D. and having its Sovereign Headquarters in Jerusalem 1048-1291, Cyprus 1291-1310, Rhodes 1310-1523, Malta 1530-1798, Russia 1798-1908, and the United States of America 1908 to present,

Does hereby recognize the noble attributes, character and qualifications of

Sir John H. Noble, O. S. J.

And confers on him herewith the rank and title of

Knight Commander of Justice

Along with all the dignities, honors, privileges, rights, duties and responsibilities historically commensurate with this noble rank in the

SOVEREIGN ORDER OF SAINT JOHN OF JERUSALEM

Admitted to the Order on the 1st *day of* December *,19*79

Status, rank and title hereby approved and confirmed by the Association of Family Commanders and Hereditary Knights of Saint John.

Given at the Seat of the Order this 7th *day of* October *,19*89

B.E.M. von Stahl HKCJGCSJ

John L. Grady HKCJGCSJ

Fr. James F. Wathen, D.D. K.C.J.J.

Nach Fertigstellung dieses Buches soll ein zweites mit dem Titel „Dreimal enteignet" erscheinen. John Noble berichtet darin über die Entstehung und Entwicklung der Kamerawerke C.A. Noble, der Warenzeichen „Praktica" und über seine persönlichen Erfahrungen nach 1990 mit den Praktiken der Treuhand und der Banken bis zum völligen Untergang der einst weltbekannten Fotoindustrie in Dresden.